RES CIVICA

(Petite revue d'exploration du politique)

II

-Le coin de la rue-

EEEOYS EDITIONS

¹ : Piero della Francesca : "Découverte et reconnaissance de la vraie croix", tirée du cycle "La Légende de la Sainte Croix", Basilique Saint-François d'Arezzo, détail. 1452-1466.

-Avant-Propos-

Qu'on le déplore, le redoute, ou qu'on s'en réjouisse, on ne peut qu'en faire le constat : le partage de la réflexion commune sur les fondements de la vie en société semble s'être figé ou s'être retiré dans des enclos sociaux atypiques.

Plus les véhicules du sens sont aisés à emprunter, plus on s'y engouffre sans préjudice des moyens dont on doit disposer pour y bien figurer : ces éléments de définition stabilisés en soi qui font viatique, qui « arment », pour le parcours de l'échange vertigineux.

Le chemin vers le port est sans doute trop court, qui conduit au large…

Le café du Commerce a supplanté la retraite studieuse ou plutôt, il n'en est plus guère le lieu de dévoilement des travaux.

La peur, la colère, l'allégresse, l'adulation, ont très largement offusqué l'échange des sens conçus et équilibrés en soi depuis une patiente retraite intérieure où la certitude va sereinement à la rencontre de son accident.

À quoi bon penser préalablement à la pensée si la « pensée pensée » contraint l'échange ou si son absence ne l'interdit pas ?

À quoi bon introduire déséquilibres, ruptures et catastrophes dans la certitude du monde, quand cette certitude inviolée y « fait son effet » ?

À quoi bon justifier des contours des hochets agités sur le forum quand ils opèrent au champ civique ?

Sait-on au juste de quoi l'on parle lorsqu'on parle ?

Lorsqu'on met en exergue une politique du « coin de la rue », une politique « de proximité », sait-on au juste de quoi l'on parle ?

Ce petit numéro deux ne cherche qu'à rendre compte de l'effort produit par des pensées qui s'affrontent à la nécessité de se « reprendre » pour aller à la rencontre du sens construit en commun « en tant que telles ».

La rédaction

-*Colomba*, chapitre VI-[2]

Par Prosper Mérimée[3]

C'est pour me conformer au précepte d'Horace que je me suis lancé d'abord *in medias res*. Maintenant que tout dort, et la belle Colomba, et le colonel et sa fille, je saisirai ce moment pour instruire mon lecteur de certaines particularités qu'il ne doit pas ignorer, s'il veut pénétrer davantage dans cette véridique histoire. Il sait déjà que le colonel della Rebbia, père d'Orso, était mort assassiné : or on n'est pas assassiné en Corse, comme on l'est en France, par le premier échappé des galères qui ne trouve pas de meilleur moyen pour vous voler votre argenterie : on est assassiné par ses ennemis ; mais le motif pour lequel on a

---

[2] : Cette nouvelle parut pour la première fois en juillet 1840 dans *La Revue des Deux Mondes*.

[3] : Scientifique, historien, écrivain, Prosper Mérimée (1803-1870) s'illustra notamment dans les champs de la nouvelle et du théâtre. Il entama une carrière politique dans les années 1850, sous la bannière bonapartiste.

des ennemis, il est souvent fort difficile de le dire. Bien des familles se haïssent par vieille habitude, et la tradition de la cause originelle de leur haine s'est perdue complètement.

La famille à laquelle appartenait le colonel della Rebbia haïssait plusieurs autres familles, mais singulièrement celle des Barricini ; quelques-uns disaient que, dans le seizième siècle, un della Rebbia avait séduit une Barricini, et avait été poignardé ensuite par un parent de la demoiselle outragée. À la vérité, d'autres racontaient l'affaire différemment, prétendant que c'était une della Rebbia qui avait été séduite, et un Barricini poignardé. Tant il y a que, pour me servir d'une expression consacrée, il y avait du sang entre les deux maisons. Toutefois, contre l'usage, ce meurtre n'en avait pas produit d'autres ; c'est que les della Rebbia et les Barricini avaient été également persécutés par le gouvernement génois, et les jeunes gens s'étant expatriés, les deux familles furent privées, pendant plusieurs générations, de leurs représentants énergiques. À la fin du siècle dernier, un della Rebbia, officier au service de Naples, se trouvant dans un tripot, eut une querelle avec des militaires qui, entre autres injures, l'appelèrent chevrier corse ; il mit l'épée à la main ; mais, seul contre trois, il eût mal passé son temps, si un étranger, qui jouait dans le même lieu, ne se fût écrié : Je suis

Corse aussi ! » et n'eût pris sa défense. Cet, étranger était un Barricini, qui d'ailleurs ne connaissait pas son compatriote. Lorsqu'on s'expliqua, de part et d'autre ce furent de grandes politesses et des serments d'amitié éternelle ; car, sur le continent, les Corses se lient facilement ; c'est tout le contraire dans leur île. On le vit bien dans cette circonstance : della Rebbia et Barricini furent amis intimes tant qu'ils demeurèrent en Italie ; mais de retour en Corse, il ne se virent plus que rarement, bien qu'habitant tous les deux le même village, et quand ils moururent, on disait qu'il y avait bien cinq ou six ans qu'ils ne s'étaient parlé. Leurs fils vécurent de même *en étiquette*, comme on dit dans l'île. L'un Ghilfuccio, le père d'Orso, fut militaire ; l'autre, Giudice Barricini, fut avocat. Devenus l'un et l'autre chefs de famille, et séparés par leur profession, ils n'eurent presque aucune occasion de se voir ou d'entendre parler l'un de l'autre.

Cependant, un jour, vers 1809, Giudice lisant à Bastia dans un journal, que le capitaine Ghilfuccio venait d'être décoré, dit, devant témoins, qu'il n'en était pas surpris, attendu que le général *** protégeait sa famille. Ce mot fut rapporté à Ghilfuccio à Vienne, lequel dit à un compatriote qu'à son retour en Corse il trouverait Giudice bien riche, parce qu'il tirait plus d'argent de ses causes perdues que de celles qu'il gagnait. On n'a jamais su s'il insinuait par là que l'avocat trahissait ses clients, ou s'il se bornait à émettre cette vérité triviale, qu'une mauvaise affaire rapporte plus à un homme de loi qu'une bonne cause. Quoi qu'il en soit, l'avocat Barricini eut connaissance de l'épigramme et ne l'oublia pas. En 1812, il demandait à être nommé maire de sa commune et avait tout espoir de le devenir, lorsque le général *** écrivit au préfet pour lui recommander un parent de la femme de Ghilfuccio. Le préfet s'empressa de se conformer aux désirs du général, et Barricini ne douta point qu'il ne dût sa déconvenue aux intrigues de Ghilfuccio. Après la chute de l'empereur, en 1814, le protégé du général fut dénoncé comme bonapartiste, et remplacé par Barricini. À son tour, ce dernier fut destitué dans les cent-jours ; mais, après cette tempête, il reprit en grande pompe possession du cachet de la mairie et des registres de l'état civil.

De ce moment son étoile devint plus brillante que jamais. Le colonel della Rebbia, mis en demi-solde et retiré à Pietranera, eut à soutenir contre lui une guerre sourde de chicanes sans cesse renouvelées : tantôt il était assigné en réparation de dommages commis par son cheval dans les clôtures de M. le maire ; tantôt celui-ci, sous prétexte de restaurer le pavé de l'église, faisait enlever une dalle brisée qui portait les armes des della Rebbia, et qui couvrait le tombeau d'un membre de cette famille. Si les chèvres mangeaient les jeunes plants du colonel, les propriétaires de ces animaux trouvaient protection auprès du maire ; successivement, l'épicier qui tenait le bureau de poste de Pietranera, et le garde champêtre, vieux soldat mutilé, tous les deux clients des della Rebbia, furent destitués et remplacés par des créatures des Barricini.

La femme du colonel mourut exprimant le désir d'être enterrée au milieu d'un petit bois où elle aimait à se promener ; aussitôt le maire déclara qu'elle serait inhumée dans le cimetière de la commune, attendu qu'il n'avait pas reçu d'autorisation pour permettre une sépulture isolée. Le colonel furieux déclara qu'en attendant cette autorisation, sa femme serait enterrée au lieu qu'elle avait choisi, et il y fit creuser une fosse. De son côté, le maire en fit faire une dans le cimetière, et manda la gendarmerie, afin, disait-il, que force restât à la loi. Le jour de l'enterrement, les deux partis se trouvèrent en présence, et l'on put craindre un moment qu'un combat ne s'engageât pour la possession des restes de madame della Rebbia. Une quarantaine de paysans bien armés, amenés par les parents de la défunte, obligèrent le curé, en sortant de l'église, à prendre le chemin du bois ;

d'autre part, le maire avec ses deux fils, ses clients et les gendarmes, se présenta pour faire opposition. Lorsqu'il parut et somma le convoi de rétrograder, il fut accueilli par des huées et des menaces ; l'avantage du nombre était pour ses adversaires, et ils semblaient déterminés. À sa vue, plusieurs fusils furent armés ; on dit même qu'un berger le coucha en joue ; mais le colonel releva le fusil en disant : Que personne ne tire sans mon ordre ! Le maire « craignait les coups naturellement » comme Panurge, et, refusant la bataille, il se retira avec son escorte : alors la procession funèbre se mit en marche, en ayant soin de prendre le plus long, afin de passer devant la mairie. En défilant, un idiot, qui s'était joint au cortège, s'avisa de crier vive l'Empereur ! Deux ou trois voix lui répondirent, et les rebbianistes, s'animant de plus en plus, proposèrent de tuer un bœuf du maire, qui, d'aventure, leur barrait le chemin. Heureusement le colonel empêcha cette violence.

On pense bien qu'un procès-verbal fut dressé, et que le maire fit au préfet un rapport de son style le plus sublime, dans lequel il peignait les lois divines et humaines foulées aux pieds, — la majesté de lui, maire, celle du curé, méconnues et insultées, — le colonel della Rebbia se mettant à la tête d'un complot buonapartiste pour changer l'ordre de successibilité au trône, et exciter les citoyens à s'armer les uns contre les autres, crimes prévus par les articles 86 et 91 du code pénal.

L'exagération de cette plainte nuisit à son effet. Le colonel écrivit au préfet, au procureur du roi : un parent de sa femme était allié à un des députés de l'île, un autre cousin du président de la cour royale. Grâce à ces protections, le complot s'évanouit, madame della Rebbia resta dans le bois, et l'idiot seul fut condamné à quinze jours de prison.

L'avocat Barricini, mal satisfait du résultat de cette affaire, tourna ses batteries d'un autre côté. Il exhuma un vieux titre, d'après lequel il entreprit de contester au colonel la propriété d'un certain cours d'eau qui faisait tourner un moulin. Un procès s'engagea qui dura longtemps. Au bout d'une année, la cour allait rendre son arrêt, et suivant toute apparence en faveur du colonel, lorsque M. Barricini déposa entre les mains du procureur du roi une lettre signée par un certain Agostini, bandit célèbre, qui le menaçait, lui maire, d'incendie et de mort s'il ne se désistait de ses prétentions. On sait qu'en Corse la protection des bandits est très-recherchée, et que pour obliger leurs amis ils interviennent fréquemment dans les querelles particulières. Le maire tirait parti de cette lettre, lorsqu'un nouvel incident vint compliquer l'affaire. Le bandit Agostini écrivit au procureur du roi pour se plaindre qu'on eût contrefait son écriture, et jeté des doutes sur son caractère, en le faisant passer pour un homme qui trafiquait de son influence : « Si je découvre le faussaire, disait-il en terminant sa lettre, je le punirai exemplairement. »

Il était clair qu'Agostini n'avait point écrit la lettre menaçante au maire ; les della Rebbia en accusaient les Barricini et *vice versa*. De part et d'autre on éclatait en menaces, et la justice ne savait de quel côté trouver les coupables.

Sur ces entrefaites, le colonel Ghilfuccio fut assassiné. Voici les faits tels qu'ils furent établis en justice : Le 2 août 18.., le jour tombant déjà, la femme Madeleine Pietri, qui portait du grain à Pietranera, entendit deux coups de feu très rapprochés, tirés, comme il lui semblait, dans un chemin creux menant au village, à environ cent cinquante pas de l'endroit où elle se trouvait. Presque aussitôt elle vit un homme qui courait en se baissant, dans un sentier des vignes, et se dirigeait vers le village. Cet homme s'arrêta un instant et se retourna ; mais la distance empêcha la femme Pietri de distinguer ses traits, et d'ailleurs il avait à la bouche une feuille de vigne qui lui cachait presque tout le visage. Il fit de la main un signe à un camarade que le témoin ne vit pas, puis disparut dans les vignes.

La femme Pietri, ayant laissé son fardeau, monta le sentier en courant, et trouva le colonel della Rebbia baigné dans son sang, percé de deux coups de feu, mais respirant encore. Près de lui était son fusil chargé et armé, comme s'il s'était mis en défense contre une personne qui l'attaquait en face au moment où une autre le frappait par derrière. Il râlait et se débattait contre la mort, mais ne pouvait prononcer une parole, ce que les médecins expliquèrent par la nature de ses blessures qui avaient traversé le poumon. Le sang l'étouffait ; il coulait lentement et comme une mousse rouge. En vain la femme Pietri le souleva et lui adressa quelques questions. Elle voyait bien qu'il voulait parler, mais il ne pouvait se faire comprendre. Ayant remarqué qu'il essayait de porter la main à sa poche, elle s'empressa d'on retirer un petit portefeuille qu'elle lui présenta ouvert. Le blessé prit le crayon du portefeuille et chercha à écrire. De fait le témoin le vit former avec peine plusieurs caractères ; mais, ne sachant pas lire, elle ne put en comprendre le sens. Épuisé par cet effort, le colonel laissa le portefeuille dans la main de la femme Pietri, qu'il serra avec force en la regardant d'un air singulier, comme s'il voulait lui dire, ce sont les paroles du témoin : « C'est important, c'est le nom de mon assassin ! »

La femme Pietri montait au village lorsqu'elle rencontra M. le maire Barricini avec son fils Vincentello. Alors il était presque nuit. Elle conta ce qu'elle avait vu. M. le maire prit le portefeuille, et courut à la mairie ceindre son écharpe et appeler son secrétaire et la gendarmerie. Restée seule avec le jeune Vincentello, Madeleine Pietri lui proposa d'aller porter secours au colonel, dans le cas où il serait encore vivant ; mais Vincentello répondit que s'il approchait d'un homme qui avait été l'ennemi acharné de sa famille, on ne manquerait pas de l'accuser de l'avoir tué. Peu après le maire arriva, trouva le colonel mort, fit enlever le cadavre, et dressa procès-verbal.

Malgré son trouble, naturel dans cette occasion, M. Barricini s'était empressé de mettre sous les scellés le portefeuille du colonel, et de faire toutes les recherches en son pouvoir ; mais aucune n'amena de découverte importante. Lorsque vint le juge d'instruction, on ouvrit le portefeuille, et sur une page souillée de sang on vit quelques lettres tracées par une main défaillante, bien lisibles pourtant. Il y avait écrit : *Agosti...*, et le juge ne douta pas que le colonel n'eût voulu désigner Agostini comme son assassin. Cependant Colomba della Rebbia, appelée par le juge, demanda à examiner le portefeuille. Après l'avoir longtemps feuilleté, elle étendit la main vers le maire et écria : Voilà l'assassin ! Alors, avec une précision et une clarté surprenantes dans le transport de douleur où elle était plongée, elle raconta que son père, ayant reçu peu de jours auparavant une lettre de son fils, l'avait brûlée, mais qu'avant de le faire, il avait écrit au crayon, sur son portefeuille, l'adresse d'Orso, qui venait de changer de garnison. Or cette adresse ne se trouvait plus dans le portefeuille, et Colomba concluait que le maire avait arraché le feuillet où elle était écrite, qui aurait été le même sur lequel son père avait tracé le nom du meurtrier ; et à ce nom, le maire, au dire de Colomba, aurait substitué celui d'Agostini. Le juge vit en effet qu'un feuillet manquait an cahier de papier sur lequel le nom était écrit ; mais bientôt il remarqua que des feuillets manquaient également dans les autres cahiers du même portefeuille, et des témoins déclarèrent que le colonel avait l'habitude de déchirer ainsi des pages de son portefeuille lorsqu'il voulait allumer un cigare ; rien de plus probable donc qu'il eût brûlé par mégarde l'adresse qu'il avait copiée. En outre, on constata que le maire, après avoir reçu le portefeuille de la femme Pietri, n'aurait pu lire à cause de l'obscurité ; il fut prouvé qu'il ne s'était pas arrêté un instant avant d'entrer à la mairie, que le brigadier de gendarmerie l'y avait accompagné, avait vu allumer une lampe, mettre le portefeuille dans une enveloppe et le cacheter sous ses yeux.

Lorsque le brigadier eut terminé sa déposition, Colomba, hors d'elle-même, se jeta à ses genoux et le supplia, par tout ce qu'il avait de plus sacré, de déclarer s'il n'avait pas laissé le maire seul un instant. Le brigadier, après quelque hésitation, visiblement ému par l'exaltation de la jeune fille, avoua qu'il était allé chercher dans une pièce voisine une feuille de grand papier, mais qu'il n'était pas resté une minute, et que le maire lui avait toujours parlé tandis qu'il cherchait à tâtons ce papier dans un tiroir. Au reste, il attestait qu'à son retour le portefeuille sanglant était à la même place, sur la table où le maire l'avait jeté en entrant.

M. Barricini déposa avec le plus grand calme. Il excusait, disait-il, l'emportement de mademoiselle della Rebbia, et voulait bien condescendre à se justifier. Il prouva qu'il était resté toute la soirée au village ; que son fils Vincentello était avec lui devant la mairie au moment du crime ; enfin que son fils Orlanduccio, pris de la fièvre ce jour-là même, n'avait pas bougé de son lit. Il produisit tous les fusils de sa maison, dont aucun n'avait fait feu récemment. Il ajouta qu'à l'égard du portefeuille il en avait tout de suite compris l'importance ;

qu'il l'avait mis sous le scellé et l'avait déposé entre les mains de son adjoint, prévoyant qu'en raison de son inimitié avec le colonel il pourrait être soupçonné. Enfin il rappela qu'Agostini avait menacé de mort celui qui avait écrit une lettre en son nom, et insinua que ce misérable, ayant probablement soupçonné le colonel, l'avait assassiné. Dans les mœurs des bandits, une pareille vengeance pour un motif analogue n'est pas sans exemple.

Cinq jours après la mort du colonel della Rebbia, Agostini, surpris par un détachement de voltigeurs, fut tué, se battant en désespéré. On trouva sur lui une lettre de Colomba qui l'adjurait de déclarer s'il était ou non coupable du meurtre qu'on lui imputait. Le bandit n'ayant point fait de réponse, on en conclut assez généralement qu'il n'avait pas eu le courage de dire à une fille qu'il avait tué son père. Toutefois, les personnes qui prétendaient connaître bien le caractère d'Agostini, disaient tout bas que, s'il eût tué le colonel, il s'en serait vanté. Un autre bandit, connu sous le nom de Brandolaccio, remit à Colomba une déclaration dans laquelle il attestait *sur l'honneur* l'innocence de son camarade ; mais la seule preuve qu'il alléguait, c'était qu'Agostini ne lui avait jamais dit qu'il soupçonnât le colonel.

Conclusion, les Barricini ne furent pas inquiétés ; le juge d'instruction combla le maire d'éloges et celui-ci couronna sa belle conduite en se désistant de toutes ses prétentions sur le ruisseau pour lequel il était en procès avec le colonel della Rebbia.

Colomba improvisa, suivant l'usage du pays, une *ballata* devant le cadavre de son père, en présence de ses amis assemblés. Elle y exhala toute sa haine contre les Barricini et les accusa formellement de l'assassinat, les menaçant aussi de la vengeance de son frère. C'était cette *ballata*, devenue très populaire, que le matelot chantait devant miss Lydia. En apprenant la mort de son père, Orso, alors dans le nord de la France, demanda un congé, mais ne put l'obtenir. D'abord, sur une lettre de sa sœur, il avait cru les Barricini coupables, mais bientôt il reçut copie de toutes les pièces de l'instruction, et une lettre particulière du juge lui donna à peu près la conviction que le bandit Agostini était le seul coupable. Une fois tous les trois mois Colomba lui écrivait pour lui répéter ses soupçons, qu'elle appelait des preuves. Malgré lui, ces accusations faisaient bouillonner son sang corse, et parfois il n'était pas éloigné de partager les préjugés de sa sœur. Cependant, toutes les fois qu'il lui écrivait, il lui répétait que ses allégations n'avaient aucun fondement solide et ne méritaient aucune créance. Il lui défendait même, mais toujours en vain, de lui en parler davantage. Deux années se passèrent de la sorte, au bout desquelles il fut mis en demi-solde, et alors il pensa à revoir son pays, non point pour se venger sur des gens qu'il croyait innocents, mais pour marier sa sœur et vendre ses petites propriétés, si elles avaient assez de valeur pour lui permettre de vivre sur le continent.

-L'aventure-

Par Nathalie Brillant[4]

Le coin de la rue-

Par Olivier Descamps[56]

---

[5] : Olivier Descamps, cheminot, membre d'EELV, ancien conseiller municipal de Tourcoing, milite désormais à Marseille.
[6] : Photo Guillaume Gesret, « Rendre un homme heureux ».

Si on voulait pasticher notre 'songe-creux' président de la République, on pourrait aboyer : '*Du boulot, y en a au coin de la rue !* Sauf, que, non, au coin de la rue, il n'y a pas forcément un boulot dans mes compétences, qui réponde à mes attentes, qui me permette de me réaliser, de me construire et de me faire contribuer à faire société avec mes semblables....

Cette expression, au demeurant tellement banale, résonne cependant d'une incroyable actualité ; la rue, cellule quasi-ultime de l'urbanisation, de la vie en société... Le bruit de la rue, une rue commerçante, ou, au contraire résidentielle, rue de la Liberté, de l'Egalité, tu habites dans quelle rue ? Les gens se croisent dans la rue, se rencontrent, discutent ou passent simplement leur chemin. Les voisins s'inquiètent du devenir de la rue, questionnent les éluEs sur les projets ou en revendiquent. Cette cellule ultime de l'urbanisme est peut-être en quelque sorte, le degré zéro de l'action politique, c'est à dire, là où se produit l'étincelle de l'action collective qui vise à vivre mieux. Car, la politique, ça ne devrait être que ça ; une série d'actions collectives, décidées collectivement et qui visent à vivre mieux.

Seulement, nos rues se meurent.... L'essor de l'automobile des années '60 les a congestionnées, rendues dangereuses, vidées de leur activité au profit des hyper-centres commerciaux construits en périphérie.

L'enjeu aujourd'hui est de dynamiser les rues afin de leur donner le rôle de mixage de population qui servira de base à une démocratie rénovée. Dynamiser, c'est bien sûr, apaiser, décongestionner et donc éloigner la voiture qui a pris une place bien trop importante. Il faut ré-équilibrer les modes de transport, en favorisant, dans un premier temps les modes doux (marche, vélo, transports en commun) et permettre les rencontres des gens.

Car la femme et l'homme sont des animaux grégaires qui ne peuvent vivre qu'en groupe. Ce qui veut dire qu'ils se rencontrent.

Le coin de la rue symbolise ce lieu de rencontre, de partage, cette agora qui d'un brouhaha fera naître des orientations de vivre ensemble, 'de chacun selon ses moyens, à chacun selon ses besoins'.

Sans coin de la rue, pas de rencontre possible, pas de discussion possible, pas d'échange possible, pas de construction d'un projet politique possible...

Le mot est lâché, la femme ou l'homme grégaire ne peut vivre en société sans groupes sociaux constitués et donc sans politique, au sens littéral, l'organisation de la vie de la cité.

Au coin de la rue se croisent, se rencontrent, se parlent les gens des différentes rues, avec leurs expériences, leur vison du monde forcément différentes ; les gens de la rue voisine ne peuvent pas voir le monde de la même manière... Ils ont forcément un éclairage différent !

Et nos différentes visions du monde se confrontent, s'affrontent pour aboutir à une construction mentale, une compréhension mutuelle de nos 'deux mondes différents' qui se confrontera, s'affrontera à l'habitant.e d'une troisième rue, et ainsi de suite....

Nos rues doivent être vivantes, non sclérosées, thrombosées, congestionnées, puantes et bruyantes !

Aérons-les, libérons-les de sorte que la parole puisse reprendre sa place, de sorte que les confrontations d'idées puissent nourrir la réflexion, de sorte que nous puissions réinventer notre avenir commun apaisé...

Homo Sapiens Sapiens se targue d'une intelligence supérieure qui le différencie des autres espèces qui peuplent la planète et qui lui donne la capacité de parler.

Le coin de la rue doit devenir cet espace zéro de la démocratie retrouvée, de la démocratie partagée, de cet élan de vivre-ensemble apaisé que les différentes épreuves que nous avons récemment traversées collectivement ont remis tout en haut de nos priorités.

- Pour ouvrir le dehors-

Par Nédra Farhat[78]

Je pourrais assimiler le coin de n'importe quelle rue à un observatoire "naturel" des sciences sociales.

Véritable lieu de vie, de rencontres au travers de regards croisés, d'arrêts sur images, rencontres de connus ou d'inconnus: voilà, en somme nous y sommes.

---

[7] : Nédra Farhat, née en 1979, est une militante politique et associative.
[8] : Photo Guillaume Gesret, « L'invisible ».

C'est évidemment aussi un lieu de pratique et d'apprentissage dans la connaissance de l'individu ; la sociologie et l'anthropologie y ont d'ailleurs trouvé un riche champ analytique.

Certes, au coin de la rue, on observe des liens établis qui se mêlent, s'entremêlent et se démêlent mais le plus frappant selon moi, et en assise de mes expériences personnelles et professionnelles, reste que le coin de la rue est un territoire "acquis" pour un sans-abri, celui que la société et l'institution sociale qualifient de "public en errance". Les "raisons" de cette dénomination n'y fixent que des critères institutionnels stigmatiques. L'errance fonde des connotations négatives qui demeurent de cruels déclencheurs de préjugés. Et pourtant, combien de fois avons-nous rencontré notre alter-ego au coin de la rue ?

La boulangerie du coin de la rue où j'habite est un véritable repère dans mon environnement. De fait, la rue nous apparaît comme un espace familier tant que nous y sommes des passants ordinaires. Or, dès que je fais du coin de la rue un terrain d'enquête et d'apprentissage, je découvre une zone étrange, un *"unheimliche"*, un espace de vie guidé par la déviance sociétale,

Je reviens sur ces représentations stéréotypiques et sur cet effet "d'étrange étrangeté" véhiculé par l'image médiatique.

Le milieu urbain ne construit pas de porte d'entrée : je ne trouve pas au coin de la rue le seuil d'entrée à franchir pour déclencher un échange avec ces personnes en situation de précarité, un regard posé sur cet inconnu et, cependant, de nombreux détails apparaissent déjà, détails vestimentaires ou détails alimentaires qui ont souvent renforcé ou au contraire freiné ma volonté de prendre la parole en premier; car ce qui me décide à chaque rencontre dans la rue, c'est la rencontre de nos regards, c'est la profondeur appliquée à cette rencontre, l'émotion naissante, parfois débordante, m'incite volontiers à filer ce premier lien établi.

9

Pascale Pichon a élaboré une étude ethnographique de terrain durant plusieurs années, que cette sociologue décrit comme un « investissement systématique » des espaces et lieux publics de la « survie ». Elle nous fournit deux versants irrigués de réalisme sociétal qui sont, en premier lieu, celui de la pauvreté des sans domiciles fixes engages dans une "carrière de survie" et, en second lieu, une pensée de notre urbanité en direction de ces personnes qui intègre la

---

⁹ : Photo Guillaume Gesret, « Regards croisés ».

dimension sociale, politique, du partage de l'espace social entre les "inclus" et les "exclus". La question cinglante soulevée dans cette approche relève de l'épreuve identitaire. À travers les récits de chemins de vies de ces personnes sans domicile fixe, nous comprenons en quoi ce vécu est une perpétuelle épreuve puisqu'il s'agit de la continuité de la construction identitaire propre à l'individu dont les repères sont de façon symétrique en perdition.

Cette notion de carrière renvoie inévitablement au processus de socialisation dans cet espace dont la porte d'entrée n'est pas matérialisée. Une réponse institutionnelle pas totalement excluante nous amène à penser que les personnes sans domicile fixe ne sont pas, au regard de la société, exclues mais "enfermées dehors".

Depuis cette façon d'enfermement ouvert, nous comprenons mieux le glissement humain vers l'errance urbaine. Cette errance peut être perçue comme un espace mobile de travail pour un mendiant car pratiquer la mendicité, c'est pour un sans domicile fixe une activité qui requiert une organisation dans le temps et dans l'espace semblable à celle d'un emploi. Il s'agit de vivre de mendicité, c'est là en effet maîtriser un ensemble de discours, de pratiques, de postures, d'horaires, de lieux, de règles qui nécessitent de véritables compétences. Vivre dans la rue, c'est aussi investir l'espace public, le temps d'une activité, d'un trajet: « chaque lieu autorise des usages spécifiques et procure des ressources différentes. ».

Dans cette activité urbaine, la société est stratifiée par ces "postes" occupés dans la classe sociale telle que nous la connaissons, ainsi le regard posé reste celui d'une personne en bas de l'échelle sociale. La mise en exergue de cette strate sociale me semble injustifiée dès lors que, parmi ces individus, de réelles compétences intrinsèques ne sont pas valorisées. L'estime portée reste parallèle à l'image que renvoie un sans-abri assis sur son bout de carton au coin de la rue. Le lien établi et approfondi constitue un accès libérateur à ces ressources intrinsèques. La motivation institutionnelle naît de ces errances communautaires de personnes qui ont en partage un mode de vie en marge de la société qui, au fond, les replace au sein d'une trajectoire communautaire. En occupant ces espaces publics, l'institution les transforme en espaces d'assistances animés par un maillage associatif à vocation sociale qui n'en forment pas moins un réseau de services répondant aux besoins primaires et non aux besoins symboliques puisque le besoin d'être reconnu socialement ne fait pas partie du "bloc des priorités" et affaiblit, quand il s'exprime du dehors, le travail fourni en faveur de la valorisation et de l'estime de soi de l'individu.

Issues de l'idée de valorisation de l'individu, d'autres pistes de réfléxions émergent au coin de la rue, celle de la culture urbaine intégrant ses codes sociaux ; elle se caractériserait par la diversité des modèles culturels qu'offre une ville. Ainsi, une personne ou un groupe de personnes mettant en spectacle leur compétence et leur maîtrise d'un média quelconque dont la caractéristique est qu'elles se développent dans l'espace public, ou la rue, et qu'elles peuvent être revendiquées.

À travers cette représentation, ces groupes aux contours plus ou moins stables nous font la démonstration d'une forte sociabilité endogène et, de manière générique, nous offrent la vision d'un espace propre à la constitution de leur groupe ainsi qu'aux rapports sociaux qui s'édifient autour d'eux.

La pratique du skateboard (venue des États-Unis) par les adolescents ou les jeunes adultes qui en font un usage sportif dans les rues et sur les éléments de mobilier urbain mais également un jeu, un moyen de locomotion, allant d'une pratique de liberté à une prise de risqué, ses liens avec les courants culturels, musicaux et graphiques, artistiques d'une manière générale, sont un exemple de cette appropriatrion.

Surtout, elle permet de poser la problématique du partage de la ville. En détournant le mobilier urbain, en faisant d'une place, des marches d'un monument, un lieu de regroupement et d'entraînement, elle remet en cause les normes d'usages des espaces de circulation et de stationnement. Sa visibilité et sa sonorité bousculent les rencontres citadines et posent la question du partage des espaces entre les différents usagers de la ville. Ainsi, en tant qu'usagers particuliers, les skateurs se confrontent aux autres usagers, à des interdits, des réglementations, à des normes. Ces interactions participent à leur socialisation urbaine.

Si la rue reste la référence première, il existe une demande en termes d'équipements spécialisés. Depuis le milieu des années 90, les collectivités sont passées lentement du bricolage à des projets approfondis en concertation avec des pratiquants. Les skateparks peuvent créer des emplois spécialisés en ce qui concerne l'accueil, l'accompagnement, l'apprentissage. L'objectif de la construction de l'équipement est bien souvent pensé pour canaliser et faire disparaître le skate de l'espace public, objectif souvent inatteignable dans la mesure où rue et skatepark constituent deux versants d'une même pratique, chacun ayant ses irréductibles.

Les acteurs du monde du skate n'ont que peu de proximité réelle avec ceux du hip hop même si parfois ils sont associés dans des festivals comme celui de Pessac ("Vibrations Urbaines") ou de Kingersheim ("Surf Attack") et pourtant des similarités existent entre eux aux plans historique et sociologique.

Le terme "hip hop" désigne une "culture-mode de vie" qui englobe la musique des disc-jockey (DJ), sur laquelle s'expriment les maîtres de cérémonies (MC), la danse de rue, le graff, un style vestimentaire, un langage de la rue.

Le rôle des discothèques et des discjockeys fut très important dans la diffusion du mouvement. Ces animateurs des radios nouvellement « libres » et DJ de discothèques seront les premiers à travers de rares émissions diffusant des musiques noires à faire entendre du rap. En 1982, une tournée américaine regroupant graffeurs, danseurs, DJ et MC, présentée à la radio bouleverse tous les passionnés de musiques funk et soul.

Le mouvement connaîtra un fulgurant développement médiatique, qui s'achève tout aussi brusquement au milieu des années 80. La France en sera comme contaminée dira un danseur :

"C'était une effervescence, tout le monde danse, tout le monde s'entraîne... c'est d'abord les cages d'escalier et puis les cartons dans la rue..."

Après des années dans l'ombre, où la culture hip hop a continué à vivre grâce aux passionnés, elle prendra un nouveau départ à partir de 1989, d'abord pour le rap, ensuite pour la danse hip hop. Depuis ce début des années 90, le nombre de groupes et de festivals croît.

Le hip hop est un mouvement populaire, culturel, artistique et idéologique. Il est né au milieu des années 70 aux États-Unis en réaction aux luttes violentes pour la survie dans le ghetto new-yorkais et prône les valeurs positives de fraternité et de partage. Il est donc marqué par la « culture de rue ». Il a ainsi développé des caractéristiques esthétiques originales ancrées dans la vie quotidienne, la joute, le défi, la performance, le respect.

Par ses origines sociales et revendicatives, il concerne d'abord les quartiers défavorisés. Le succès qu'il rencontre concentre une problématique complexe autour d'une forme artistique née dans les milieux populaires majoritairement d'origine immigrée qui s'est imposée dans l'espace public. Les représentations sociales dominantes inscrivent pour l'ensemble du mouvement, l'équation : hip hop = « quartier » = immigrés = violence… Cet aspect est intéressant car sa reconnaissance, non dénuée d'ambiguïtés ni de réticences, suscite des débats au sein même du mouvement. Comme de nombreuses formes d'art, il affirme une culture de la résistance et s'inscrit dans la tradition des arts populaires dont un des fondements majeurs réside dans la création collective. Chacune de ses composantes artistiques a connu un développement particulier.

L'histoire du graff, dans la forme que nous lui connaissons aujourd'hui, est une histoire principalement new-yorkaise. Son apparition est datée du début des années 60. Progressivement sa fonction première de marquage de territoire de bandes se perd pour devenir une façon systématique de poser sa signature (surnom) dans les endroits de visibilité ; en ce sens, le métro new-yorkais devient le symbole de cette visibilité par sa circulation. À l'origine, simple lettrage, ou tag, la recherche permanente de l'innovation développera techniques et styles. Le graff représente une activité de circulation, d'exploration, d'aventure, d'adrénaline (dans sa part d'illégalité), l'autre versant du graff étant la fresque. Début des années 80, les galeries et les musées s'y intéressent, l'exposent.

C'est le début du passage sur les toiles qui marqua aussi l'institutionnalisation de la peinture des aborigènes d'Australie au début des années 70.

Tous les graffeurs partagent à l'origine la passion du dessin que le graff leur permet de lier avec un besoin de reconnaissance, un fantasme de puissance que d'autres exprimeraient différemment et qui, ici, se départ rarement d'humour et de dérision. Le graff est une démarche personnelle réalisée en groupe ou dans le cadre d'un groupe, notion extrêmement importante, dont la composition est en nombre illimité et les limites territoriales absentes, que ce soit en Europe, ou au-delà ; car il ne connaît pas de frontières, il circule comme toutes les idées ou le matériel roulant.

S'il est souvent perçu comme une rébellion adolescente contre le système, il n'en constitue pas moins pour beaucoup un mode de vie. Il ne peut plus être considéré comme un phénomène adolescent puisqu'aussi bien existent des adultes qui poursuivent une carrière professionnelle dans le graff ou en font une activité annexe rémunératrice, parfois illégale. Une partie d'entre eux s'organisent en association pour négocier avec les municipalités, les institutions ou des particuliers, animent des ateliers pour les jeunes, ou peignent des toiles pour faire sortir le graff de son cantonment à "l'underground".

Mon regard se pose pour finir sur cette rencontre, au coin d'une rue de Saint Malo, avec un homme, Arnaud, d'une cinquantaine d'années, qui m'a accueilli dans un espace d'échange et d'errance urbaine. Je poursuis le lien établi avec cet homme en tentant, dans cette proximité, d'ouvrir un espace tiers et de contribuer à lever cette barrière des "enfermés dehors".

Sortir l'underground du coin de la rue relève d'une volonté collective depuis laquelle les acteurs, les spectateurs, les collectivités et les institutions fondent un espace de co-construction humanisée, nourri par la mise au jour continue des compétences qui leur sont particulières.

BIBLIOGRAPHIE :

-   *L'événement en anthropologie. Concepts et terrains*, sous la direction de Joseph J. Lévy et Ignace Olazabal, Presses de l'Université de Laval, Québec.
-   Pichon, Pascale, *Vivre dans la rue, sociologie des sans domicile fixe*, Paris, Aux lieux d'être, 2007.

-La « nécro politique » de Bolsonaro : le souterrain de l'enfer néolibéral-

Par Maria Claudia Galera[10]

« Il y a danger dans chaque coin de rue, ils ont vaincu et le feu est rouge pour nous… » Au Brésil, jamais nous n'aurions pu imaginer que ce refrain d'une des chansons les plus chantées pendant les années de plomb de la dictature redeviendrait d'actualité en 2020. Délations, soutien de l'élite à la fermeture du congrès national, à l'interdiction des partis politiques et à la prise du pouvoir par les militaires, tous ces événements qui jaunissaient dans les pages de nos livres d'histoire depuis 50 ans semblent avoir ressuscité. De l'autre côté de ce dangereux boulevard idéologique, ceux qui résistent et qui craignent le pire remémorent ces vieilles chansons, symboles

---

[10] : Maria Claudia Galera est docteur en Littérature (Université de Sao Paulo) et en anthropologie (Université Paris 8). Elle assure des cours de Français langue étrangère dans le milieu associatif et enseigne l'espagnol en cycle 4 au collège en Haute-Marne.

de derniers liens sociaux dans un Brésil déchiré par son passé et par son présent, hanté par la promesse d'un avenir sombre.

Le 17 mars 2020, le covid a fait une de ses premières victimes déclarées au Brésil. Il s'agissait d'une femme de ménage de 63 ans. Ses patrons, un couple résidant au quartier du Leblond, réputé pour avoir le mètre carré le plus cher de la ville de Rio, avait été contaminé lors des vacances passées en Italie. A leur retour, les époux présentaient les premiers symptômes de la maladie, mais ils avaient refusé de payer le salaire de l'employée au cas où celle-ci aurait décidé de se mettre en quarantaine. Le couple a eu accès aux soins et est guéri. Cette histoire illustre bien la situation du Brésil actuel où ce qui pourrait être perçu comme la négligence de l'état vis-à-vis de la crise sanitaire, est, en fait une machine meurtrière qui compte sur l'action de Bolsonaro et de l'élite économique qui le soutien. La chronique des événements nous le montre bien.

Ravagé par le COVID, le Brésil se confronte aussi au totalitarisme de son président d'extrême droite. Connu par ses réflexions machistes, racistes et homophobes, il s'est révélé être un négationniste avoué de la pandémie. Avec ses propos venimeux, Il est en train de disséminer, un autre virus, celui de la haine. Son déni de la crise sanitaire a un fort impact social et fait sortir du placard une racaille décomplexée de défenseurs farouches de la barbarie. Un bref recueil de derniers événements survenus dans ce pays pourrait faire penser à un récit de science-fiction. Hélas, il s'agit bel et bien, de la chronique d'un génocide en cours.

Bolsonaro affirme que les Brésiliens sont tellement résistants qu'ils peuvent même nager dans les égouts, qu'ils n'attrapent aucune maladie. Il lance aussi son propre slogan : « Sortez de chez-vous ! » Au moment où 1223 morts sont recensés, il affirme : « Il semblerait que le virus est en train de s'en aller ». Ses déclarations produisent des réactions de colère, mais fédèrent aussi des partisans qui s'insurgent contre les mesures préventives et organisent des manifestations lors desquelles ils nient l'existence de la pandémie, tout en restant masqués dans leurs voitures. Le comble : ils profitent de la situation pour réclamer le retour de l'acte institutionnel qui avait instauré la torture pendant la dernière dictature. A la vue de ces gens portant le drapeau du Brésil, vociférant et en klaxonnant devant les hôpitaux en collapse, le dramaturge Allemand Bertold Brecht aurait ressorti sa formule célèbre : la chienne du fascisme est en chaleur. L'échantillon d'images est affreux, il se propage comme une maladie dangereuse : des journalistes tabassés sur les voies publiques ; des soignants en blouse blanche agressés dans les rues ; des indiens d'Amazonie infectés par des sectes évangélistes et livrés à leur propre sort, des malades privés de soin, des morts empilés, des fausses communes remplies...

Bolsonaro, le 16 avril, congédie le ministre de la santé qui tentait de mettre en œuvre la quarantaine. A sa place, on voit arriver un gestionnaire des hôpitaux de luxe. Le 20 avril, interrogé à propos du nombre grandissant de décès, Bolsonaro répond : « je ne suis pas un croque-mort pour vous parler des défunts ! » Désormais, « Les 300 du Brésil » une organisation clandestine conduite par une femme fière d'exhiber son tatouage, - une croix gammée -, diffuse sur les réseaux sociaux un appel à des actions armées.

Le 15 mai, sans jamais avoir présenté un plan d'action, et moins d'un mois après avoir assumé le poste, le nouveau ministre de la santé démissionne. Depuis cette date, sa place reste vacante. Le système politique brésilien étant fédératif, la gestion de la situation sanitaire ainsi que l'adoption des protocoles et de mesures préventives reste à la charge des gouverneurs locaux et des maires des communes. La langue de bois de Bolsonaro entraine une partie de la population qui se réjouit d'organiser des rassemblements dont le but est de se moquer du virus en le traitant de « communiste ». On voit des manifestations et des performances où des personnes portant le maillot de l'équipe de foot brésilienne sortent des cercueils, tandis que d'autres vandalisent les crois installées sur les sables de Copacabana, à Rio, des hommages rendus aux victimes du covid.

Un peu moins bouillant dans les derniers jours, où des affaires de corruption risquent d'impliquer toute sa famille, Bolsonaro ne s'est pas privé de porter son coup de grâce à la santé publique : Le 3 juillet, il a mis son veto à une loi qui rendait obligatoire le port du masque dans les écoles, les commerces et les lieux religieux et cela, à trois jours du déconfinement qui doit se faire malgré le bilan déplorable d'un millier de morts par jour, 1,6 millions d'infectés et plus 64.000 morts, selon les chiffres largement sous-estimés. Interpelé à propos du désastre de la contagion, sa meilleure réponse reste celle du le 28 avril : « Et alors ? Qu'est-ce que vous voulez que je fasse ? Je m'appelle Messie, mais je ne fais pas de miracles. »

*Le 4 mai, Aldir Blanc, le compositeur de la chanson citée « Comme nous parents » est mort de covid. Aucun hommage ne lui a été rendu par le Secrétariat de la Culture, organisme qui remplace l'ancien ministère supprimé par Bolsonaro.

-L'Amante éternelle-

Par Adrianos Georgantas[11]

Au coin de ma rue il y avait un olivier. C'était un vieil olivier. Ils l'ont coupé et à sa place ils ont planté une colonne en béton, avec des câbles électriques pour branches et une grande ampoule pour fruits.

Le coin de ma rue était l'infranchissable frontière pour moi -et tous les enfants de mon quartier. C'était un mur, un barbelé invisible. L'interdiction de le franchir était claire et stricte. La première fois que je me suis aventuré de l'autre côté avec mon vélo, la sanction a été très sévère : ce n'est pas la raclée que mon père m'a mis avec sa ceinture et en public (pour montrer aux voisins qu'il sait élever ses enfants - pratique d'ailleurs très courante) qui m'a le plus coûté, mais que mon petit vélo a été pendu en hauteur au plafond du salon pendant un mois !

---

[11] : Adrianos Georgantas est né en 1958 à Nauplie dans le Péloponnèse. Il partage sa vie entre la Grèce (Athènes) et la Bretagne. Il est scénariste, réalisateur et bâtisseur.

C'était un mois d'Avril, le 21ème jour, il faisait beau ce matin-là, que j'ai eu l'autorisation d'aller au-delà du coin de ma rue ! Le jour où on a tous été obligé de rester à la maison. Le jour où les adultes avaient peur. Mes parents étaient nerveux, ils chuchotaient même pour demander un verre d'eau et très souvent, ils regardaient dehors par les fenêtres, cachés derrière les rideaux. Il y avait une agitation étrange ce matin-là à la maison. La radio ne diffusait que des marches militaires, ainsi que la télévision. C'était « un jour de couvre-feu » l'ont-ils appelé.

Ce matin-là, à l'âge de neuf ans, vêtu d'un short et de sandales, tenant une bouteille vide dans les mains, j'ai finalement franchi pour la première fois seul le coin de ma rue ! Non sans enthousiasme, mais chargé de méfiance, d'inquiétude que les grands m'ont transmise.

Personne ne circulait dans les rues. Un silence étrange et lourd pesait dans mon quartier. Sans croiser personne, j'ai avancé trois cent mètres et j'ai tourné à droite dans une rue plus large qui aussitôt emmenait dans un grand espace-carrefour que formaient plusieurs rues de terre battue et une ligne ferroviaire depuis longtemps abandonnée. Je me suis soudain figé de peur : sur les vieux rails, en plein milieu du carrefour, un tank de l'armée était stationné ! Surpris de ma présence, le soldat qui se tenait à moitié en dehors du tank, a aussitôt retourné sa mitrailleuse en me visant. Instinctivement, j'ai levé une seule main, celle qui tenait la bouteille vide. J'avais peur d'avancer, mais il n'était pas question que je retourne à la maison sans accomplir ma mission ; une raclée de mon père m'attendait.

Tous les deux, le soldat et moi, on se regardait immobiles pour plusieurs instants. Cela m'a semblé une éternité. Finalement, il a levé légèrement le canon de sa mitrailleuse mais il ne m'a pas lâché du regard à aucun instant. J'ai pris courage, j'ai fait le tour du tank par derrière et je me suis faufilé dans la cour d'un magasin qui vendait du vin en vrac. En sortant, quelques minutes plus tard, je mettais la bouteille remplie de vin résiné pour mon père bien en évidence, comme un drapeau blanc. Sans me lâcher du regard une seul seconde, le soldat me surveillait pendant tout mon trajet jusqu'à ce que je disparaisse de sa vue. Je suis rentré à la maison tenant toujours la bouteille de vin en hauteur. Malheureusement le "couvre-feu » n'a pas duré longtemps et l'interdiction de franchir le coin de ma rue a été aussitôt rétablie ! Il se trouve que j'ai été la seule personne ravie par ce couvre-feu…

Franchir le coin de ma rue pour la première fois m'a

beaucoup marqué, pas à cause de la rencontre avec le soldat et son tank, mais à cause d'une femme : En revenant du magasin avec ma bouteille remplie de vin j'ai croisé une femme qui se tenait au coin de ma rue. Je ne la connaissais pas, mais elle avait quelque chose de familier, sympathique, attractif. Elle souffrait visiblement, elle ne se sentait pas bien, ses vêtements étaient abîmés, déchirés, sales, elle avait des blessures partout sur son corps, même des brûlures. Elle avait du mal à se tenir debout, mais elle ne cherchait pas à partir. J'étais tétanisé à la regarder, incapable de l'aider. Qu'elle était belle !

Un moment, elle a réussi à se redresser le corps et avec toute sa fierté, d'un geste de tête, elle a basculé tous ses cheveux en arrière et elle m'a regardé comme si elle venait juste de s'apercevoir de ma présence. Ses yeux étaient rougis par les larmes. J'ai senti que son regard creusait bien profond dans mon âme, un regard fier, doux, mais sévère. Sans ouvrir sa bouche, sans prononcer un mot, -je le jure-, j'ai entendu sa voix m'ordonner : *« Tu es trop jeune pour ça. Rentre immédiatement chez toi ! »* J'ai obéi comme un hypnotisé.

A cette époque, j'ignorais le danger auquel je m'exposais en « violant » le couvre-feu. Pour moi, franchir la frontière du coin de ma rue était un cadeau inattendu. Je n'avais pas la place pour penser pourquoi mon père m'a exposé à un tel danger, surtout que la rencontre avec cette femme avait tant envahi ma pensée, et même mon corps. En rentrant à la maison je n'ai parlé à personne, je ne comprenais d'ailleurs pas ce qui m'arrivait. D'une seule chose j'en étais sûre : L'état physique et moral de cette femme avait un lien direct avec l'interdiction, le tank, le couvre-feu.

D'ailleurs, dès que le couvre-feu a été levé, les grands sont immédiatement retournés à leur travail, sans protester, sans même se plaindre. La vie a rapidement retrouvé son flot quotidien et tout se passait comme si rien n'était arrivé. Les grands prétendaient que tout était normal, mais la peur qui pesait lourd au-dessus de leurs têtes prouvait le contraire.

Seulement à travers les ondes longues de la radio DW, une heure tous les soirs et tout en cachette, quelques infos non censurées venaient des pays lointains, emmenant un brin d'espoir de liberté qui tardait de venir chez nous. Un état qui déjà torture ses enfants, à la maison, à l'école, et partout ailleurs, peut attendre très longtemps pour que la liberté revienne. Les colonels qui ont imposé la dictature au pays n'ont rien inventé : ils ont simplement établi à une échelle plus large tout ce que chaque citoyen appliquait à sa propre famille : Interdictions et ordres, sans explication. Si tu te risquais à demander « pourquoi », c'était considéré comme un signe de désobéissance et la réponse était une gifle ! Au mieux, quand ils avaient des crises de dialectique, la réponse était : « Parce que je te le dis ». De leur côté les colonels ils ont appliqué le dogme : « On a décidé et on vous ordonne » !

En seulement quelques jours de couvre-feu j'ai eu à plusieurs reprises l'occasion de franchir la frontière de mon coin de rue et en même temps de revoir de près la femme. Car mes sorties étaient aux petites heures de la nuit, où tout le monde dormait : mon père a proposé à ses camarades du Parti la brillante idée, au lieu d'aller eux-mêmes et de risquer d'être arrêtés par la police, d'envoyer ses enfants, -mon frère et moi-, de distribuer sous les portes des textes révolutionnaires du Parti ! Ni mon frère, ni moi, n'avions idée de quoi il s'agissait, ni le danger auquel on était exposé. Il nous suffisait que nous soyons libres d'aller à tous les quartiers et aussi loin qu'on voulait.

Cela, pendant les nuits, car les lendemains matin, l'interdiction de franchir la frontière du coin de notre rue était autant valable et stricte ! Mais diable ! Qui allait s'en occuper de cette absurdité quand on avait la liberté de vagabonder des nuits entières ! Malheureusement, ça n'a pas duré longtemps : rapidement repérés par la Police militaire qui patrouillait, on a été arrêtés. On s'en est sorti avec des doigts bleus pleins d'encre en donnant des empruntes et un dossier pour chacun qui désormais allait encombrer leurs archives, dans la rubrique « communistes ». Le plus décevant et grave de cet incident était que les sorties des nuits se sont arrêtées brusquement !

Il faut admettre que la femme du coin de ma rue m'a beaucoup changé la vie. Toutes les nuits je restais à la fenêtre de ma chambre et discrètement je la regardais faire les cent pas sous la faible lueur de l'ampoule. Même les fois que l'ampoule était cramée, je voyais la flamme de sa cigarette, j'entendais ses talons faire les va-et-vient sur le trottoir. Elle savait que j'étais là et souvent elle me faisait un clin d'œil accompagné d'un sourire. C'était mon rendez-vous secret avec elle. Avec mon petit poste de radio je captais sur les ondes moyennes des pays lointains, des langues inconnues, des musiques qui m'emmenaient à des voyages exotiques, loin, très loin, toujours avec la femme du coin de ma rue.

Depuis le jour du couvre-feu et pendant toutes les nuits qui ont suivi, cette femme a été toujours là. Parfois visiblement surmenée, parfois en colère, ou déprimée, ou bouleversée, révoltée, mais toujours séduisante, belle et fidèle à son rendez-vous quotidien pour attendre ses amants. Personne ne savait d'où elle venait, ni où elle habitait. Sa beauté attirait l'attention des passants mais peu osaient s'approcher d'elle et encore moins de tomber amoureux. La plupart d'entre eux étaient méfiants. Certains l'insultaient de tous les noms, certains autres crachaient devant elle. Un voisin la traitait même de pute, mais on le connait celui-là, c'est le traitre du quartier, il ne dit de bien de personne.

Malheureusement, le peu des gens qui ont vraiment aimé la femme du coin de la rue l'ont payé très cher en subissant des exils, des emprisonnements et des tortures. Certains n'ont pas tenu le coup et ils sont morts. Ceux qui ont survécu aux tortures, ont hérité des blessures corporelles graves pour le reste de leur vie.

Des années plus tard les militaires sont partis. Les tortionnaires ont perdu leur travail et ont été promus à des postes publics par le nouveau gouvernement ! La plupart des exilés sont simplement rentrés chez eux. Certains ont racheté leurs années d'exil et on bâtit une carrière politique. La femme du coin de ma rue a continué à être fidèle à son rendez-vous nocturne.

Pour moi, toutes ces années ne passaient pas vite. Alors qu'une barbichette apparaissait sur mon menton et que je n'avais pas encore atteint l'âge adulte, je ressentais que je ne pouvais plus attendre. J'ai imité la signature de mon père pour un passeport fabriqué en cachette. Une nuit froide d'Octobre je suis parti de chez moi sans rien dire à personne. Seule ma mère m'a arrêté à la sortie et sans demander aucune explication, elle m'a conseillé « de m'habiller chaud ». Elle avait compris toute ma préparation. Elle ne m'a jamais rien dit, elle ne m'a pas empêché de partir. Elle comprenait la raison de ma fuite. Elle s'inquiétait simplement.

En partant, je me suis arrêté au coin de ma rue. Je voulais dire au revoir à la femme inconnue, mais pour la première fois depuis tant d'années, elle n'était pas là.

J'ai pris le premier bateau ; je suis passé en face. J'ai continué en train et bientôt en auto stop. Très vite mes économies ont diminué. Je faisais des petits boulots par ci par là et avec le peu que je gagnais j'avançais de quelques kilomètres dans mon voyage à destination inconnue.

Je suis allé presque partout, j'ai visité des pays lointains, des gens différents, hospitaliers et hostiles. J'ai aimé, j'ai ri, j'ai aussi pleuré, bref, je vivais libre à goûter sans modération les expériences qui se présentaient. Partout où j'ai été, à chaque coin de rues, j'ai rencontré des belles femmes qui attendaient patiemment leur amant. Certaines se portaient bien, certaines pas...

Les années passèrent rapidement cette fois. Mes cheveux sont devenus blancs, les rides ont commencé à creuser mon visage. Je suis retourné dans mon pays, dans mon quartier. C'était la nuit, les petites heures. Tout le monde dormait dans le quartier. Je suis revenu comme un voleur, presque comme j'étais parti. Je ne voulais rencontrer personne. Je suis descendu du taxi plusieurs pâtés de maisons avant la mienne. Les souvenirs jaillirent sans retenue. Je voulais prendre mon temps. J'ai marché jusqu'à la maison. Tout était pareil. Rien n'avait changé. La planète Terre avait fait des milliers de tours depuis mon départ, et ici, dans mon quartier, tout me semblait être resté le même.

Ainsi que la femme était là, au coin de la rue. Comme si elle m'attendait, elle n'a pas été surprise par ma présence. J'étais content de la revoir. Elle aussi. Elle a répondu à mon sourire. Nous restâmes un bon moment sous la faible lumière de la lampe, en distance d'un pas, nous souriant, silencieux, heureux de nous retrouver après tant d'années. Nous n'avions pas de mots à échanger. On n'en avait pas besoin. Nous nous comprenions en pensées l'un de l'autre. Elle savait que cette fois je suis venue pour rester avec elle.

Je n'en avais pas assez de la regarder. Elle était toujours aussi belle. Les années n'avaient nullement affecté sa jeunesse. Nous nous sommes regardés dans les yeux comme deux amants éternels qui se connaissent depuis des années et les mots abondent.

À un moment, elle m'a fait un clin d'œil sournois et m'a fait signe de rentrer à la maison pour me reposer. J'ai souhaité la bonne nuit à mon amante éternelle et je suis rentré chez moi pour me coucher.

-Les nouvelles-

Par Guillaume Gesret[12]

---

[12] : Guillaume Gesret se définit comme un « photographe humaniste ». Son travail vise à saisir la ponctualité intense du rapport quotidien du sujet et du monde.

- 61 -

-Les émojis du politique-

Par Henri-Pierre Jeudy[13]

Toute personne dispose d'une panoplie de « postures à prendre » par rapport au fonctionnement économique et politique de la société dans laquelle elle vit. Ces postures obligées font partie du prêt-à-porter de la consommation : pour se distinguer, l'enjeu est d'avoir toujours l'air de « prendre position » et d'être en état d'apprécier ou de se révolter. Chaque jour, sur les réseaux sociaux, des millions d'appréciations démontrent que seule l'hystérie du jugement reste la garantie universelle de notre liberté de juger et de l'expression de notre personnalité. Les convulsions automatiques « J'aime » / « j'aime pas » rappellent l'expectoration vocale d'une « primitivité virtuelle » ; le psittacisme de la communication

---

[13] : Henri-Pierre Jeudy, né en 1945 à Paris, est un philosophe, sociologue et écrivain français. Chercheur au CNRS, enseignant à l'école d'Architecture de Paris La Villette, membre de l'école doctorale "Pratique et Théorie du sens" de Paris VIII, enseignant à l'école des Hautes Etudes en Sciences Sociales, directeur de thèses à l'école doctorale de philosophie de Paris I.

contemporaine ne serait que la parodie infinie de la réflexivité. Cette manière d'ânonner le sens qui finit par le rendre identique au gré de sa répétition mécanique et de sa disparition.

L'ambivalence d'une attitude est condamnée à trahir l'indécision et l'absence d'opinion. Lors d'un « choix politique », on est d'un côté ou de l'autre, même si on dénonce « à qui mieux-mieux » que les hommes politiques sont « tous les mêmes ». Sur Internet, les productions et les créations ne reçoivent leur existence que du chiffrage de leur appréciation. Sur Facebook, pour vivre « bien », avec une image rassurante de soi, il faut que le nombre des « j'aime » ne cesse d'augmenter. Chacun n'est-il pas destiné à être « bipolaire » puisque chacun passe son temps à ânonner « j'aime », « j'aime pas » pour figurer sa « présence au monde » ? Le bipolarisme est devenu un modèle universel de comportement. Désignant le rythme de la vie psychique, il est à la fois l'expression *d'une auto-thérapie du narcissisme et le syndrome d'une maladie de la reconnaissance publique*. En effet, dans un hôpital psychiatrique, le diagnostic qui conduit à désigner un patient comme « bipolaire » puise toutes ses raisons dans les structures actuelles de la communication. Tout patient, autrefois pris dans les méandres de l'ambivalence des manifestations de la psychose maniaco-dépressive, est déclaré « bipolaire », qu'il le veuille ou non.

En supposant qu'un homme politique soit « bipolaire », ses électeurs réels ou potentiels lui demandent de demeurer dans la « phase d'excitation », ce qui lui permettra de gouverner sans laisser prise à la « phase de dépression ». Cette simplicité déconcertante finit par imposer une éviction obligée de la puissance des contraires. Le principe essentiel est de « se » placer, surtout sur les réseaux sociaux, à l'origine de la disjonction « j'aime/j'aime pas » sans jamais avoir l'air de l'utiliser. Il n'y a plus de « figuration du choix », ni « de la réflexion », ce qui compte, c'est la manifestation immédiate d'une souveraineté tellement banalisée qu'elle n'est plus que l'effet d'une écholalie du vide que provoque l'angoisse. Quand un roi pouvait afficher un manichéisme actif en décidant pour son peuple de ce qui est « bien » ou de ce qui est « mal »…il affirmait une souveraineté absolue. Quand un homme politique – un chef d'État, par exemple – lance ses invectives sur les réseaux sociaux, il propage les effets de son « excitation » pour capter l'énergie d'une rancœur collective qui s'exprime dans l'ânonnement d'un enthousiasme lui-même « bipolaire ». C'est le règne de la clameur des

« j'aime »… Le bipolaire se résout toujours à la conjonction de l'excitation et de l'abrutissement absolu.

Le bipolarisme est plutôt un mouvement qu'une alternance, un mouvement alternatif sans commencement ni fin, un mouvement que caractériserait la « bande de Moebius » lorsqu'elle pivote. La variété de nos d'états émotionnels est représentée graphiquement par ce qu'on appelle les « *emojis* ». Les pictogrammes de nos appréciations, utilisés de manière plutôt automatique que spontanée, ce qui semble revenir au même, ont pour fonction de décliner les expressions de notre « subjectivité personnelle ». L'opinion se réduit à un sigle qui correspond à un signe d'adhésion ou à un refus d'adhérer. Pareille structure psychique en matière de « choix » politique présente le mérite d'être d'une clarté radicale. L'opinion précède désormais l'articulation des mots qui devrait l'exprimer. Ce qui devient alors essentiel, comme on le constate chaque jour, c'est la *dynamique hystérique des communicants* ! Tous les indices sonores qui, heure par heure, sont des appels à une réponse déjà donnée entretiennent un état dans lequel l'exaltation provoque un désinvestissement qui, à son tour, cesse avec le retour de l'excitation. Les « *emojis* » régulent le rythme de cet ânonnement sans fin.

L'avenir de l'expression d'une opinion, quelle que soit son objet, est donc le *psittacisme*. Car seul le perroquet peut encore nous faire rire de l'ordonnancement possible du bredouillage.

-C'est dans la proximité la plus extrême que naissent les formes transfigurées du politique -

Par Michel Maffesoli[14]

Ce qui fonde pour une large part ma réflexion sur le politique, la gestion de la cité, c'est la distinction entre pouvoir et puissance. Pour le dire vite, le pouvoir est institué, c'est l'organisation du vivre ensemble, la puissance est instituante, elle est ce qui donne corps et sens à ce vivre ensemble, elle est ce qui fonde l'être ensemble.

Selon les moments de l'histoire, le rapport entre le pouvoir et la puissance populaire qui le fonde et lui sert d'assise prend des formes différentes, liées à l'imaginaire de l'époque, à la manière dont les hommes se représentent leur destin commun.

---

[14]: Professeur émérite à la Sorbonne, membre de l'institut universitaire de France.

Ces conceptions différentes de la vie sociale tout simplement, de la socialité se succèdent, non pas par ruptures brutales, mais par un processus progressif de lente saturation des valeurs d'une époque pendant qu'émergent de nouvelles valeurs.

C'est ainsi qu'à partir du siècle des Lumières et de la Révolution française s'était mise en place une conception de la cohésion sociale fondée d'une part sur un principe individualiste, chaque individu est une entité autonome (suivant sa propre loi, disposant de son « libre arbitre ») et d'autre part une forme de collaboration essentiellement juridique : le contrat social. Ma liberté individuelle s'arrête là où elle empêche l'expression de la liberté individuelle de l'autre.

La démocratie est la forme politique de cette conception du monde. C'est ce que cette grande dame de la pensée, Hannah Arendt appelle « l'idéal démocratique ». Le pouvoir était délégué par les individus à des institutions élues qui ont pour but d'organiser la gestion du territoire, la vie commune, la cité.

Car l'organisation du pouvoir est étroitement liée à la conception du lien social, de ce qui lie les personnes entre elles, de ce qui fait cohésion sociale, je dirais même de ce qui fait socialité.

Dans la modernité, le lien entre individus autonomes se fait par le biais juridique du contrat social. Dans la postmodernité par contre, il n'y a pas d'autonomie individuelle, chaque personne se définit par rapport à diverses appartenances communautaires, ce que j'ai appelé, il y a plus de trente ans, le « tribalisme ». Il n'y a plus d'unité figée d'un individu, mais des identifications multiples selon les moments et les lieux à différentes communautés.

Le fait que l'individu soit autonome ou au contraire dépendant de l'autre, l'autre de sa tribu ou des autres tribus va structurer des conceptions du pouvoir différentes. Dans un cas, la modernité, le pouvoir va être délégué par les individus à différentes instances élues, mandatées pour appliquer tel ou tel programme, pour exprimer telle ou telle conception de la société. Dans une société tribalisée, constituée de multiples communautés[15], cette forme de délégation du pouvoir ne fonctionne plus. Les masses fragmentées, éparpillées en diverses tribus ne se sentent plus représentées. Les individus ne s'identifient plus à un modèle unique, transcendant toute leur vie économique, sociale,

---

[15] Nombre d'observateurs ont « découvert » récemment cette réalité d'une France (je dirais d'une société européenne, occidentale et asiatique) fractionnée, fragmentée. Des appartenances multiples, des croyances diversifiées en différents syncrétismes. Bref, ce que j'ai appelé dans mon livre paru en 1988, *Le temps des tribus, le déclin de l'individualisme dans les sociétés de masse.* (1988, 4ème édition, La Table ronde, 2019)

spirituelle, mais sont eux-mêmes ceci et cela, celui-ci et celle-là, selon les occurrences quotidiennes.

Dès lors le modèle politique de la démocratie représentative ne permet plus le lien entre la puissance et le pouvoir, entre l'instituant et l'institué. L'institué, le pouvoir, ceux qui ont le pouvoir de dire et de faire, l'opinion publique, les élites, de quelque nom qu'on les appelle ne sont plus pertinents. Ils sont des figures mortes, des représentants d'une énergie vide.

Mais cette puissance populaire, cette volonté commune de faire corps, d'éprouver ensemble un destin commun et d'y faire face n'est pas morte, elle. Elle va chercher d'autres formes d'expression, d'autres formes de rassemblement.

Cette volonté de communion émotionnelle, d'expression commune prendra différentes formes.

Alors que dans la forme démocratique l'émotion commune est en quelque sorte projetée dans un objectif lointain, (un pro-jet), un avenir à construire, une société parfaite pour demain, dans la forme que j'ai appelée celle de l'idéal communautaire[16] la communion est immédiate et présente. Les émotions communes, l'éprouver ensemble,

---

[16] Cf. Michel Maffesoli et Hélène Strohl : *La faillite des élites*, éditions du Cerf, 2019

l'esthétique (aisthesis en grec, c'est l'éprouver ensemble) se vivent ici et maintenant. Ce que j'ai appelé « l'instant éternel ».

Et c'est bien ainsi que l'on retrouve un autre rapport entre le politique, l'organisation de la cité et la proximité, le fait d'être ensemble en un lieu.

Car si dans l'idéal démocratique, c'est le temps et son avancée qui déterminent l'être ensemble, on dépasse ensemble le passé et on construit ensemble un avenir, dans l'idéal communautaire, on est ensemble, ici et maintenant, en intégrant le passé (la tradition) et en vivant, au jour le jour un avenir qui est destin commun. Ce n'est plus la flèche de l'histoire, mais la spirale. Et l'être ensemble ne se construit pas par la projection dans l'avenir, mais par le fait d'être ensemble dans un lieu. Le lieu fait lien.

Internet aidant, ce lieu territoire géographique, pourra être démultiplié en plusieurs lieux, plusieurs sites, réels ou virtuels.

La proximité n'est plus l'assignation à résidence, n'est plus bien sûr l'assignation à identité. Elle se démultiplie en de multiples moments de vie commune.

Et c'est ce ballet entre diverses tribus qu'il revient à de nouvelles formes politiques de réguler sinon d'organiser.

Pouvoir et puissance ai-je dit, institué et instituant.

A chaque changement d'époque l'on voit un profond désarroi naître de la dichotomie existant entre l'institution et le peuple. Quand le peuple ne se reconnaît plus dans ses institutions, il fait sécession. (secessio plebis).

C'est exactement ce que nous montrent les résultats des élections municipales. Ce qui est frappant ce n'est pas tant la vague verte, vague sur laquelle surfent quelques tribus bobos en mal de pouvoir, mais l'énorme désintérêt populaire pour ces élections locales. Ni les partis traditionnels, ni les pseudo-nouvelles formes de représentation, les ni droite ni gauche de LREM ni même l'écologie politique ne peuvent prétendre à représenter et à plus forte raison à rassembler les diverses composantes d'une république non plus une et indivisible, mais d'une république mosaïque.

Quand le pouvoir et la puissance sont entièrement déconnectés, quand les institutions ne sont plus innervées par une énergie commune, par la puissance populaire, quand les élites sont totalement distantes de la base, il faut trouver de nouvelles formes de gestion de la cité.

Celles-ci ne peuvent pas se construire par le haut, elles ne peuvent pas être imposées. Je dirais plutôt que les formes d'être ensemble se détermineront progressivement dans de multiples expériences communes : bien sûr des soulèvements populaires, sur le modèle des premiers gilets jaunes ou de diverses manifestations n'ayant d'autre objet que de se rassembler. Mais également, au jour le jour et dans différents territoires de proximité, des manifestations de solidarité, d'entraide, des rassemblements festifs, des initiatives de rencontres.

La proximité est de plus en plus fragmentée en diverses initiatives qu'il faut fédérer, aider à coexister. C'est cela le rôle du politique.

Mais non plus un politique qui impose d'en haut, qui détient la vérité et mène le peuple vers un but qu'ont défini les élites. **Non pas un politique paranoïaque, mais un politique métanoïaque**. Non pas au-dessus, mais avec. Non pas la loi du Père, mais la loi des frères.

Ce sera cela la gestion de la maison commune, la sagesse commune, ce que j'ai appelé *Ecosophie*

D'un point de vue historique, on pourrait rappeler le modèle de l'empire romain. *Pax romana* c'était l'organisation sur un très grand territoire des fonctions de mobilité (routes et aqueducs), d'un culte commun dans une acceptation relativiste d'une diversité de croyances, de modes de vie etc.

Nul ne peut prédire les formes que prendront les institutions qui naîtront de ces formes nouvelles et émergentes d'être ensemble. Sans doute y aura-t-il de nombreux soubresauts et d'affrontements entre pouvoirs moribonds. Ce que l'on peut dire par contre est que ces nouvelles formes politiques, ces formes d'une politique transfigurée, se lisent, au jour le jour, au plan local, dans la proxémie quotidienne.

C'est cette esthétique quotidienne que doit peu à peu formaliser un politique en adéquation avec l'époque postmoderne.

P.S : Sur le rapport entre le POUVOIR institué et la PUISSANCE instituante, cf M.Maffesoli : *La Violence totalitaire* (1979), repris in « Au-delà de la modernité ? », CNRS Éditions, 2008 .

-De la religion nouvelle. — Fédération (juillet 1789-juillet 1790) -[17]

Par Jules Michelet[18]

---

[17] : Jules Michelet, *Histoire de la Révolution française*, Livre III, Chapitre XI, 1849.

[18] : Jules Michelet, 1798-1874, est un historien républicain français dont les nombreux ouvrages contribuent au récit national français en tant que « résurrection », par l'historiographie, de contextes politiques producteurs de systèmes, de valeurs et de mouvements.

Rien de tout cela encore dans l'hiver de 1789. Ni municipalités régulières, ni départements. Point de lois, point d'autorité, aucune force publique. Tout va se dissoudre, ce semble, c'est l'espoir de l'aristocratie... Ah ! vous vouliez être libres ; voyez maintenant, jouissez de l'ordre que vous avez fait... — À cela que répond la France ? Dans ce moment redoutable, elle est sa loi à elle-même ; elle franchit sans secours, dans sa forte volonté, le passage d'un monde à l'autre, elle passe, sans trébucher, le pont étroit de l'abîme, elle passe, sans y regarder, elle ne voit que le but. Elle s'avance avec courage dans ce ténébreux hiver, vers le printemps désiré qui promet la lumière nouvelle.

Quelle lumière ? Ce n'est plus, comme en 1789, l'amour vague de la liberté. C'est un objet déterminé, d'une forme fixe, arrêtée, qui mène toute la nation, qui transporte, enlève les cœurs ; à chaque pas que l'on fait, il apparaît plus ravissant, et la marche est plus rapide... Enfin l'ombre disparaît, le brouillard s'enfuit, la France voit distinctement ce qu'elle aimait, poursuivait sans le bien saisir encore : l'unité de la patrie.

Tout ce qu'on avait cru pénible, difficile, insurmontable, devient possible et facile. On se demandait comment s'accomplirait le sacrifice de la patrie provinciale, du sol natal, des souvenirs, des préjugés envieillis… « Comment, se disait-on, le Languedoc consentira-t-il jamais à cesser d'être Languedoc, un empire intérieur, gouverné par ses propres lois ? Comment la vieille Toulouse descendra-t-elle de son Capitole, de sa royauté du Midi ? Et croyez-vous que la Bretagne mollisse jamais devant la France, qu'elle sorte de sa langue sauvage, de son dur génie ? Vous verrez mollir avant les récifs de Saint-Malo et les rochers de Penmark. »

Eh bien, la grande patrie leur apparaît sur l'autel, qui leur ouvre les bras et qui veut les embrasser… Tous s'y jettent et tous s'oublient ; ils ne savent plus ce jour-là de quelle province ils étaient… Enfants isolés, perdus jusqu'ici, ils ont trouvé une mère ; ils sont bien plus qu'ils ne se croyaient : ils avaient l'humilité de se croire Bretons, Provençaux… Non, enfants, sachez-le bien, vous étiez les fils de la France, c'est elle qui vous le dit, les fils de la grande mère, de celle qui doit, dans l'égalité, enfanter les nations.

Rien de plus beau à voir que ce peuple avançant vers la lumière, sans loi, mais se donnant la main. Il avance, il n'agit pas, il n'a pas besoin d'agir ; il avance, c'est assez : la simple vue de ce mouvement immense fait tout reculer devant lui ; tout obstacle fuit, disparait, toute résistance s'efface. Qui songerait à tenir contre cette pacifique et formidable apparition d'un grand peuple armé ?

Les fédérations de novembre brisent les États provinciaux, celles de janvier finissent la lutte des parlements, celles de février compriment les désordres et les pillages ; en mars, avril, s'organisent les masses qui étouffent en mai et juin les premières étincelles d'une guerre de religion, mai encore voit les fédérations militaires, le soldat redevenant citoyen, l'épée de la contre-révolution, sa dernière arme, brisée... Que reste-t-il ? La fraternité a aplani tout obstacle, toutes les fédérations vont se confédérer entre elles, l'union tend à l'unité. Plus de fédérations, elles sont inutiles, il n'en faut plus qu'une : la France. — Elle apparaît transfigurée dans la lumière de juillet.

Tout ceci, est-ce un miracle ?... Oui, le plus grand et le plus simple, c'est le retour à la nature. Le fond de la nature humaine, c'est la sociabilité. Il avait fallu tout un monde d'inventions contre nature pour empêcher les hommes de se rapprocher. Douanes intérieures, péages innombrables sur les routes et sur les fleuves, diversité infinie de lois et de règlements, de poids, mesures et monnaies, rivalités de villes, de pays, de corporations, soigneusement entretenues… Un matin, ces obstacles tombent, ces vieilles murailles s'abaissent… Les hommes se voient alors, se reconnaissent semblables, ils s'étonnent d'avoir pu s'ignorer si longtemps, ils ont regret aux haines insensées qui les isolèrent tant de siècles, ils les expient, s'avancent les uns au-devant des autres, ils ont hâte d'épancher leur cœur.

Voilà ce qui rendit si facile, si exécutable, une création qu'on croyait tout artificielle, celle des départements. Si elle eût été une pure conception géométrique, éclose du cerveau de Sieyès, elle n'eût eu ni la force ni la durée que nous voyons ; elle n'eût pas survécu à la ruine de tant d'autres institutions révolutionnaires. Elle fut généralement une création naturelle, un rétablissement légitime d'anciens rapports entre des lieux, des populations que les institutions artificielles du despotisme, de la fiscalité, tenaient divisées. Les fleuves, par exemple, qui, sous l'Ancien-Régime, n'étaient guère que des obstacles (vingt-huit péages sur la Loire ! pour ne donner qu'un exemple), les fleuves, dis-je, redevinrent ce que la nature veut qu'ils soient, le lien du genre humain. Ils formèrent, nommèrent la plupart des départements ; ceux-ci, Seine, Loire, Rhône, Gironde,

Meuse, Charente, Allier, Gard, etc., furent comme des fédérations naturelles entre les deux rives des fleuves, que l'État reconnut, proclama et consacra.

La plupart des fédérations ont elles-mêmes conté leur histoire. Elles l'écrivaient à leur mère, l'Assemblée nationale, fidèlement, naïvement, dans une forme bien souvent grossière, enfantine ; elles disaient comme elles pouvaient ; qui savait écrire écrivait. On ne trouvait pas toujours dans les campagnes de scribe habile qui fût digne de consigner ces choses à la mémoire. La bonne volonté suppléait. Vénérables monuments de la fraternité naissante, actes informes, mais spontanés, inspirés, de la France, vous resterez à jamais pour témoigner du cœur de nos pères, de leurs transports, quand pour la première fois ils virent la face trois fois aimée de la patrie.

J'ai retrouvé tout cela, entier, brûlant, comme d'hier, au bout de soixante années, quand j'ai récemment ouvert ces papiers, que peu de gens avaient lus. À la première ouverture, je fus saisi de respect ; je ressentis une chose singulière, unique, sur laquelle on ne peut pas se méprendre. Ces récits enthousiastes adressés à la patrie (que représentait l'Assemblée), ce sont des lettres d'amour.

Rien d'officiel ni de commandé. Visiblement, le cœur parle. Ce qu'on y peut trouver d'art, de rhétorique, de déclamation, c'est justement l'absence d'art, c'est l'embarras du jeune homme qui ne sait comment exprimer les sentiments les plus sincères, qui emploie les mots des romans, faute d'autres, pour dire un amour vrai. Mais, de moment en moment, une parole arrachée du cœur proteste contre cette impuissance de langage et fait mesurer la profondeur réelle du sentiment… Tout cela verbeux ; eh ! dans ces moments, comment finit-on jamais ?… Comment se satisfaire soi-même ?… Le détail matériel les a fort préoccupés ; nulle écriture assez belle, nul papier assez magnifique, sans parler des somptueux petits rubans tricolores pour relier les cahiers… Quand je les aperçus d'abord, brillants et si peu fanés, je me rappelai ce que dit Rousseau du soin prodigieux qu'il mit à écrire, embellir, parer les manuscrits de sa Julie… Autres ne furent les pensées de nos pères, leurs soins, leurs inquiétudes, lorsque, des objets passagers, imparfaits, l'amour s'éleva en eux à cette beauté éternelle !

Ce qui me toucha, me pénétra d'attendrissement et d'admiration, c'est que, dans une telle variété d'hommes, de caractères, de localités, avec tant d'éléments divers, qui la plupart étaient hier étrangers les uns aux autres, souvent même hostiles, il n'y a rien qui ne respire le pur amour de l'unité.

Où sont donc les vieilles différences de lieux et de races ? Ces oppositions géographiques, si fortes, si tranchées ? Tout a disparu, la géographie est tuée. Plus de montagnes, plus de fleuves, plus d'obstacles entre les hommes… Les voix sont diverses encore, mais elles s'accordent si bien qu'elles ont l'air de partir d'un même lieu, d'une même poitrine… Tout a gravité vers un point, et c'est ce point qui résonne, tout part à la fois du cœur de la France.

Voilà la force de l'amour. Pour atteindre à l'unité, rien n'a fait obstacle, nul sacrifice n'a coûté. D'un coup, sans s'en apercevoir même, ils ont oublié à la fois les choses pour lesquelles ils se seraient fait tuer la veille, le sol natal, la tradition locale, la légende… Le temps a péri, l'espace a péri, ces deux conditions matérielles auxquelles la vie est soumise… Étrange *vita nuova* qui commence pour la France, éminemment spirituelle, et qui fait de toute sa Révolution une sorte de rêve, tantôt ravissant et tantôt terrible… Elle a ignoré l'espace et le temps.

Et c'est pourtant l'Antiquité, les habitudes, les vieilles choses connues, les signes usités, les symboles vénérés, c'est tout cela qui, jusqu'à ce jour, avait fait la vie... Tout cela aujourd'hui ou pâlit ou disparaît. Ce qui en reste, par exemple, les cérémonies du vieux culte, appelé pour consacrer ces fêtes nouvelles, on sent que c'est un accessoire. Il y a dans ces immenses réunions, où le peuple de toute classe et de toute communion ne fait plus qu'un même cœur, une chose plus sacrée qu'un autel. Aucun culte spécial ne prête de sainteté à la chose sainte entre toutes : l'homme fraternisant devant Dieu.

Tous les vieux emblèmes pâlissent, et les nouveaux qu'on essaye ont peu de signification. Qu'on jure sur le vieil autel, devant le Saint-Sacrement, qu'on jure devant la froide image de la Liberté abstraite, le vrai symbole se trouve ailleurs. C'est la beauté, la grandeur, le charme éternel de ces fêtes : le symbole y est vivant.

Ce symbole pour l'homme, c'est l'homme. Tout le monde de convention s'écroulant, un saint respect lui revient pour la vraie image de Dieu. Il ne se prend pas pour Dieu ; nul vain orgueil. Ce n'est point comme dominateur ou vainqueur, c'est dans des conditions tout autrement graves et touchantes que l'homme apparaît ici. Les nobles harmonies de la famille, de la nature, de la patrie suffisent pour remplir ces fêtes d'un intérêt religieux, pathétique.

Le vieillard d'abord préside. Le vieillard, entouré d'enfants, a pour enfant tout le peuple. La musique l'amène et le reconduit. À la grande fédération de Rouen, où parurent les gardes nationales de soixante villes, on alla chercher jusqu'aux Andelys, pour présider l'assemblée, un vieux chevalier de Malte, âgé de quatre-vingt-cinq ans. À Saint-Andéol, l'honneur de prêter serment à la tête de tout le peuple fut déféré à deux vieillards de quatre-vingt-treize et quatre-vingt-quatorze ans. L'un, noble, colonel de la garde nationale, l'autre simple laboureur. Ils s'embrassèrent sur l'autel en remerciant le ciel d'avoir vécu jusque-là. Le peuple, ému, crut voir dans ces deux hommes vénérables l'éternelle réconciliation des partis. Ils se jetèrent tous dans les bras les uns des autres, se prirent par la main ; une farandole immense, embrassant tout le monde, sans exception, se déroula par la ville, dans les champs, vers les montagnes d'Ardèche et vers les prairies du Rhône ; le vin coulait dans les rues, les tables y étaient dressées, et les vivres en commun. Tout le peuple ensemble mangea le soir cette agape, en bénissant Dieu.

Partout le vieillard à la tête du peuple, siégeant à la première place, planant sur la foule. Et autour de lui, les filles, comme une couronne de fleurs. Dans toutes ces fêtes, l'aimable bataillon marche en robe blanche, *ceinture à la nation* (cela voulait dire tricolore). Ici l'une d'elles prononce quelques paroles nobles, charmantes, qui feront des héros demain. Ailleurs (dans la procession civique de Romans en Dauphiné), une belle fille marchait, tenant à la main une palme, et cette inscription : *Au meilleur citoyen !...* Beaucoup revinrent bien rêveurs.

Le Dauphiné, la sérieuse, la vaillante province qui ouvrit la Révolution, fit des fédérations nombreuses, et de la province entière, et de villes, et de villages. Les communes rurales de la frontière, sous le vent de la Savoie, à deux pas des émigrés, labourant près de leurs fusils, n'en firent que plus belles fêtes. Bataillon d'enfants armés, bataillon de femmes armées, autre de filles armées. À Maubec, elles défilaient en bon ordre, le drapeau en tête, tenant, maniant l'épée nue, avec cette vivacité gracieuse qui n'est qu'aux femmes de France.

J'ai dit ailleurs l'héroïque initiative des femmes et filles d'Angers. Elles voulaient partir, suivre la jeune armée d'Anjou, de Bretagne, qui se dirigeait sur Rennes, prendre leur part de cette première croisade de la liberté ; nourrir les combattants, soigner les blessés. Elles juraient de n'épouser jamais que de loyaux citoyens, de n'aimer que les vaillants, de n'associer leur vie qu'à ceux qui donnaient la leur à la France.

Elles inspiraient ainsi l'élan dès 1788. Et maintenant, dans les fédérations de juin, de juillet 1790, après tant d'obstacles écartés, dans ces fêtes de la victoire, nul n'était plus ému qu'elles. La famille, pendant l'hiver, dans l'abandon complet de toute protection publique, avait couru tant de dangers !... Elles embrassaient, dans ces grandes réunions si rassurantes, l'espoir du salut. Le pauvre cœur était cependant encore bien gros du passé... de l'avenir ?... Mais elles ne voulaient d'avenir que le salut de la patrie ! Elles montraient, on le voit, dans tous les témoignages écrits, plus d'élan, plus d'ardeur que les hommes mêmes, plus d'impatience de prêter le serment civique.

On éloigne les femmes de la vie publique, on oublie trop que vraiment elles y ont droit plus que personne. Elles y mettent un enjeu bien autre que nous ; l'homme n'y joue que sa vie, et la femme y met son enfant... Elle est bien plus intéressée à s'informer, à prévoir. Dans la vie solitaire et sédentaire que mènent la plupart des femmes, elles suivent de leurs rêveries inquiètes les crises de la patrie, les mouvements des armées... Vous croyez celle-ci au foyer ?... Non, elle est en

Algérie, elle participe aux privations, aux marches de nos jeunes soldats en Afrique ; elle souffre et combat avec eux.

Appelées ou non appelées, elles prirent la plus vive part aux fêtes de la fédération. Dans je ne sais quel village, les hommes s'étaient réunis seuls dans un vaste bâtiment pour faire ensemble une adresse à l'Assemblée nationale. Elles approchent, elles écoutent, elles entrent, les larmes aux yeux, elles veulent en être aussi. Alors on leur relit l'adresse ; elles s'y joignent de tout leur cœur. Cette profonde union de la famille et de la patrie pénétra toutes les âmes d'un sentiment inconnu. La fête, toute fortuite, n'en fut que plus touchante… Elle fut courte, comme tous nos bonheurs, elle ne dura qu'un jour. Le récit finit par un mot naïf de mélancolie et de retour sur soi-même : « C'est ainsi que s'est écoulé le plus bel instant de notre vie. »

C'est qu'il faut travailler demain et se lever de bonne heure, c'est le temps de la moisson. Les fédérés d'Étoile, près Valence, s'expriment à peu près en ces termes après avoir conté les feux de joie, les farandoles : « Nous qui, au 29 novembre 1789, donnâmes à la France l'exemple de la première fédération, nous n'avons pu donner à cette fête qu'un jour, et nous sommes retirés le soir pour nous reposer et reprendre nos travaux demain ; les travaux de la campagne pressent, nous le regrettons… » Bons laboureurs, ils écrivent tout cela à l'Assemblée nationale, convaincus qu'elle s'occupe d'eux, que, comme Dieu, elle voit et fait tout.

Ces procès-verbaux de communes rurales sont autant de fleurs sauvages qui semblent avoir poussé du sein des moissons. On y respire les fortes et vivifiantes odeurs de la campagne, à ce beau moment de fécondité. On s'y promène parmi les blés mûrs.

Et c'était, en effet, en pleine campagne que tout cela se faisait. Nul temple n'aurait suffi. La population sortait tout entière, tous les hommes, toutes les femmes et tous les enfants ; on y traînait la chaise du vieillard, le berceau du nourrisson. Des villages, des villes entières, étaient laissées sous la garde de la foi publique. Quelques hommes en patrouille, qui traversent un bourg, déposent qu'ils n'y ont vu exactement que les chiens. Celui qui, le 14 juillet 1790 à midi, aurait, sans voir la campagne, parcouru ces villages déserts, les aurait pris pour autant d'Herculanum et de Pompéi.

Personne ne pouvait manquer à la fête ; personne n'était simple témoin ; tous étaient acteurs, depuis le centenaire jusqu'au nouveau-né. Et celui-ci plus qu'un autre.

On l'apportait, fleur vivante, parmi les fleurs de la moisson. Sa mère l'offrait, le déposait sur l'autel. Mais il n'avait pas seulement le rôle passif d'une offrande, il était actif aussi, il comptait comme personne, il faisait son serment civique par la bouche de sa mère, il réclamait sa dignité d'homme et de Français, il était mis déjà en possession de la patrie, il entrait dans l'espérance.

Oui, l'enfant, l'avenir, c'était le principal acteur. La commune elle-même, dans une fête du Dauphiné, est couronnée dans son principal magistrat par un jeune enfant. Une telle main porte bonheur. Ceux-ci, que je vois ici, sous l'œil attendri de leurs mères, déjà armés, pleins d'élan, donnez-leur deux ans seulement, qu'ils aient quinze ans, seize ans, ils partent : 1792 a sonné ; ils suivent leurs aînés à Jemmapes... Leur main a porté bonheur ; ils ont rempli ce grand augure, ils ont couronné la France !... Aujourd'hui même, faible et pâle, elle siège sous cette couronne éternelle et impose aux nations.

Grande génération, heureuse, qui naquit dans une telle chose, dont le premier regard tomba sur cette vue sublime ! Enfants apportés, bénis à l'autel de la patrie, voués par leurs mères en pleurs, mais résignées, héroïques, donnés par elles à la France... ah ! quand on naît ainsi, on ne peut plus jamais mourir… Vous reçûtes, ce jour-là, le breuvage d'immortalité. Ceux même d'entre vous que l'histoire n'a pas nommés, ils n'en remplissent pas moins le monde de leur vivant esprit sans nom, de la grande pensée commune portée par toute la terre…

Je ne crois pas qu'à aucune époque le cœur de l'homme ait été plus large, plus vaste, que les distinctions de classes, de fortunes et de partis aient été plus oubliées. Dans les villages surtout, il n'y a plus ni riche, ni pauvre, ni noble, ni roturier ; les vivres sont en commun, les tables communes. Les divisions sociales, les discordes, ont disparu. Les ennemis se réconcilient, les sectes opposées fraternisent, les croyants, les philosophes, les protestants, les catholiques.

À Saint-Jean-du-Gard, près d'Alais, le curé et le pasteur s'embrassèrent à l'autel. Les catholiques menèrent les protestants à l'église ; le pasteur siégea à la première place du chœur. Mêmes honneurs rendus par les protestants au curé, qui, placé chez eux au lieu le plus honorable, écoute le sermon du ministre. Les religions fraternisent au lieu même de leur combat, à la porte des Cévennes, sur les tombes des aïeux qui se tuèrent les uns les autres, sur les bûchers encore tièdes… Dieu, accusé si longtemps, fut enfin justifié… Les cœurs débordèrent ; la prose n'y suffit pas, une éruption poétique put soulager seule un sentiment si profond ; le curé fit, entonna un hymne à la Liberté ; le maire répondit par des stances ; sa femme, mère de famille respectable, au moment où elle mena ses enfants à l'autel, répandit aussi son cœur dans quelques vers pathétiques.

Les lieux ouverts, les campagnes, les vallées immenses où généralement se faisaient ces fêtes, semblaient ouvrir encore les cœurs. L'homme ne s'était pas seulement reconquis lui-même, il rentrait en possession de la nature. Plusieurs de ces récits témoignent des émotions que donna à ces pauvres gens leur pays vu pour la première fois… Chose étrange ! ces fleuves, ces montagnes, ces paysages grandioses, qu'ils traversaient tous les jours, en ce jour ils les découvrirent ; ils ne les avaient vus jamais.

L'instinct de la nature, l'inspiration naïve du génie de la contrée, leur fit souvent choisir pour théâtre de ces fêtes les lieux mêmes qu'avaient préférés nos vieux Gaulois, les druides. Les îles, sacrées pour les aïeux, le redevinrent pour les fils. Dans le Gard, dans la Charente et ailleurs, l'autel fut dressé dans une île. Celle d'Angoulême reçut les représentants de soixante mille hommes, et il y en avait peut-être autant sur l'admirable amphithéâtre qui porte la ville, au-dessus du fleuve. Le soir, un banquet dans l'île aux lumières, et tout un peuple pour convive, un peuple pour spectateur, du plus haut au plus bas du gigantesque colisée.

À Maubec (Isère), où se réunirent beaucoup de communes rurales, l'autel fut érigé au milieu d'un plateau immense, en face d'un ancien monastère ; lointain superbe, horizon infini, et le souvenir de Rousseau, qui y vécut quelque temps !... Dans un discours brûlant d'enthousiasme, un prêtre exalta le glorieux souvenir du philosophe qui, dans ce lieu même, rêvait, préparait le grand jour... Il finit par montrer le ciel, il attesta le soleil, qui perça la nue à l'instant, comme pour jouir, lui aussi, de cette vue touchante et sublime.

Nous, croyants de l'avenir, qui mettons la foi dans l'espoir et regardons vers l'aurore, nous que le passé défiguré, dépravé, chaque jour plus impossible, a bannis de tous les temples, nous qui, par son monopole, sommes privés de temple et d'autel, qui souvent nous attristons dans l'isolement de nos pensées, nous eûmes un temple, ce jour-là, comme on n'en avait eu jamais !...

Plus d'église artificielle, mais l'universelle église. Un seul dôme, des Vosges aux Cévennes et des Pyrénées aux Alpes.

Plus de symbole convenu. Tout nature, tout esprit, tout vérité.

L'homme qui, dans nos vieilles églises, ne se voit point face à face, s'aperçut ici, se vit pour la première fois, recueillit dans les yeux de tout un peuple une étincelle de Dieu.

Il aperçut la nature, il la ressaisit et il la retrouva sacrée, il y sentit Dieu encore.

Et ce peuple, et cette terre, il trouva son nom : Patrie.

Et la Patrie, tout aussi grande qu'elle soit, il élargit son cœur, jusqu'à l'embrasser. Il la vit des yeux de l'esprit, l'étreignit des vœux du désir.

Montagnes de la Patrie, qui bornez nos regards, et non nos pensées, soyez témoins que si nous n'atteignons pas de nos bras fraternels la grande famille de France, dans nos cœurs elle est contenue…

Fleuves sacrés, îles saintes où fut dressé notre autel, puissent vos eaux, qui murmurent sous le courant de l'esprit, aller dire à toutes les mers, à toutes les nations, qu'aujourd'hui, au solennel banquet de la liberté, nous n'aurions pas rompu le pain sans les avoir appelées, et qu'en ce jour de bonheur, l'humanité tout entière s'est trouvée présente dans l'âme et les vœux de la France !

« Ainsi finit le meilleur jour de notre vie. » Ce mot que les fédérés d'un village écrivent le soir de la fête à la fin de leur récit, j'ai été tout près de l'écrire moi-même en terminant ce chapitre. Il est fini, et rien de semblable ne reviendra pour moi. J'y laisse un irréparable moment de ma vie, une partie de moi-même, je le sens bien, qui restera là et ne me suivra plus ; il me semble que je m'en vais appauvri et diminué. — Que de choses j'avais à ajouter, que j'ai sacrifiées ! Je ne me suis pas permis une seule note ; la moindre aurait fait une interruption, une discordance peut-être, dans ce moment sacré. Il en aurait fallu beaucoup pourtant ; une foule de détails intéressants réclamaient, voulaient trouver place. Plusieurs des procès-verbaux méritaient d'être imprimés tout entiers (ceux de Romans, de Maubec, de Teste-de-Buch, de Saint-Jean-du-Gard, etc.). Les discours valent moins que les récits ; plusieurs cependant sont touchants ; le texte qui y revient le plus souvent, c'est celui du vieillard Siméon : « Maintenant je puis mourir… » Voir entre autres le procès-verbal de Regnianwez (Renwez ?) près Rocroy.

Chaque pièce, prise à part, est faible. Mais l'ensemble a un charme extraordinaire : *la plus grande diversité* (provinciale, locale, urbaine, rurale, etc.) *dans la plus parfaite unité*. Chaque pays accomplit ce grand acte d'unité avec son originalité spéciale. Les fédérés de Quimper se couronnent de chêne breton ; les Dauphinois de Romans (à la porte du Midi) mettent une palme dans la main de la belle fille qui mène la fête. La sérénité courageuse, l'ordre, le bon sens dans le bon cœur, brillent dans ces fédérations dauphinoises. Dans celles de la Bretagne, c'est un caractère de force, de gravité passionnée, un sérieux très près du tragique ; on sent que ce n'est pas un jeu, qu'on est là devant l'ennemi. Dans les montagnes du Jura, au pays des derniers serfs, c'est l'étonnement, le ravissement de la délivrance, de se voir exaltés de la servitude à la liberté, « plus que libres, citoyens ! Français ! supérieurs à toute l'Europe… » Ils fondent un anniversaire de la sainte nuit du 4 août.

Ce qui touche extrêmement, c'est le prodigieux effort de bonne volonté que fait ce peuple, si peu préparé, pour traduire le sentiment profond qui remplit son âme. Ceux de Navarreins, aux Pyrénées, pauvres gens, disent-ils eux-mêmes, perdus dans les montagnes, avec si peu de ressources, n'ayant pas la communauté du langage, bégayant le Français du Nord, offrent à la patrie leur cœur, leur impuissance même. Un des procès-verbaux les plus informes, qui le croirait ? est celui d'une commune voisine de Versailles et de Saint-Germain. Le papier, grossier et rude, témoigne d'une extrême pauvreté, l'écriture d'une ignorance toute barbare : la plupart ne signent qu'avec des croix ; mais tous signent tellement quellement ; aucun ne veut s'en dispenser ; après le nom de la mère, vous voyez celui de l'enfant, de la petite fille, etc.

Leur grande affaire, en général, où ils ne réussissent pas toujours bien heureusement, c'est de trouver des signes visibles, des symboles, pour exprimer leur foi nouvelle. À Dôle, le feu sacré où le prêtre doit brûler l'encens sur l'autel de la patrie est, au moyen d'un verre ardent, extrait du soleil par la main d'une jeune fille. À Saint-Pierre (près Crépy), à Mello (Oise), à Saint-Maurice (Charente), on mit sur l'autel la Loi même, les décrets de l'Assemblée. À Saint-Maurice, elle fut posée sur une mappemonde qui servait de tapis d'autel, et placée avec l'épée, la charrue et la balance, entre deux boulets de la Bastille.

Ailleurs, une inspiration plus heureuse leur fait choisir des symboles d'union tout humains, des mariages célébrés à l'autel de la patrie, des baptêmes, des adoptions d'un enfant par une commune, par un club. Souvent les femmes font faire un service funèbre aux morts de la Bastille. Ajoutez d'immenses charités, des distributions de vives ; ou bien mieux que la charité, la communauté de vivres, les tables ouvertes à tous. Ce que j'ai trouvé de plus touchant comme bon cœur, c'est (à la Pleyssade, près de Bergerac) une quête que quelques soldats font entre eux, et qui donne une somme énorme (relativement aux facultés de ces pauvres gens), cent vingt francs ! *pour une veuve de la Bastille.* — À Saint-Jean-du-Gard, la cérémonie finit « par une réconciliation solennelle de ceux qui étaient brouillés ensemble ». À Lons-le-Saulnier, on but : « À tous les hommes, à nos ennemis même, que nous jurons d'aimer et de défendre ! »

-Le coin de la rue, ou de l'OMS à la pharmacie du coin !-

Par Agnès Paumond[19]

"Le coin de la rue" un espace-temps ? Au-delà de la locution adverbiale, le coin est avant tout une notion géographique et spatiale, c'est le point de rencontre de deux segments formant un angle, en l'occurrence il désigne l'angle formé par deux rues, chemins bordés de maisons ou de murs dans une ville, un bourg ou un village. Le coin de la rue est à deux pas, c'est un territoire de proximité, « un pas loin », c'est ce qui se trouve en bas de l'immeuble ou derrière la grille du jardin, c'est un voisinage, un connu : "tu l'as déjà vu ? oui, il vit dans le coin", c'est un temps court, qui se mesure en pas ou en minutes " je suis dans le coin, j'arrive dans quelques minutes !",

---

[19] : Agnès Paumond est née à St Germain en Laye. Elle s'installe à Saint-Malo à la retraite à l'issue d'une première carrière en entreprises privées en région lyonnaise, suivie d'une seconde carrière comme enseignante d'histoire-géographie dans le Jura.

"Le coin de la rue", une unité de mesure ? Par extension le coin de la rue renvoie à une notion géo-quantitative. Il peut être un partout, une profusion, lorsque parlant d'une chose ou d'un bien on dira "qu'on en trouve à tous les coins de rue !".

"A Paris on trouve de beaux monuments à tous les coins de rue". A l'inverse, il peut être un nulle part, un manque, une rareté, ce qu'on ne trouve pas à tous les coins de rue : "une telle beauté ne se trouve pas à tous les coins de rue !". Le coin de la rue désigne le lieu de satisfaction des nos besoins les plus immédiats, on achète son pain à la boulangerie du coin, son paquet de pâtes ou de riz à l'épicerie du coin, son paracétamol à la pharmacie du coin, on va boire son café et lire le journal du jour au café du coin etc. D'ailleurs, tous ces commerces sont judicieusement dénommés par les urbanistes "commerces de proximité".

Ainsi, on pourrait définir le coin de la rue en ces termes : une portion du local, un territoire de proximité, un temps court, sur lequel s'exerce le quotidien d'une population.

Cette définition n'est pas sans évoquer dans nos esprits une organisation de l'espace et de l'activité semblable à celles des temps reculés de l'Antiquité et du Moyen-Âge. Cités, bourgs et villages vivaient en quasi autarcie, produisant et consommant en circuit fermé ou presque puisque des échanges commerciaux de marchandises existaient déjà via la méditerranée ou la route de la soie, mais ne concernaient, pour l'essentiel, que des marchandises rares comme les épices, les étoffes et les soieries entre autres. Àpartir du XV ème siècle, la découverte du continent américain et l'installation par les puissances européennes de comptoirs le long des côtes africaines et indiennes, puis la colonisation progressive vont permettre la mise en place et le développement de nouveaux circuits commerciaux et l'intensification des échanges. Dès lors, la mondialisation est en marche, on ne consomme plus seulement ce que le local produit, ou ce que les échanges commerciaux procurent, mais on développe des productions dépendantes des matières premières venues de contrées lointaines. Dès le XIXème siècle, en lien avec la colonisation, avec la naissance du capitalisme et les progrès dans les transports qui réduisent l'espace-temps et l'espace-coût, se met en place la première division internationale du travail en Europe entre les pays colonisés fournissant les matières premières et les pays industrialisés transformant ces matières premières en produits manufacturés qu'ils commercialisent ensuite dans le monde. Au XXème siècle débute une deuxième phase de la mondialisation qui est celle de la mondialisation du capitalisme industriel suivie, après 1945, d'une troisième phase, celle de la mondialisation financière dominée alors par les Etats-Unis. Elle s'accélère après 1990 avec l'effondrement du bloc soviétique et l'affirmation de puissances émergentes avec les 4 Dragons d'Asie et la Chine dans une économie-monde devenu multipolaire. Le système capitaliste, confronté à la compétitivité et toujours en quête de minimisation des coûts, s'engage alors dans une délocalisation verticale, horizontale, une externalisation, nouvelle division du travail entre centre et périphérie. Des pans entiers de la production industrielle disparaissent du territoire France. Une grande partie de l'industrie textile se délocalise vers le Maghreb et l'Asie aux coûts salariaux très bas. Rhône Poulenc, un fleuron de l'industrie de la chimie fine française, abandonne dans les années 90 sa branche chimie de base à faible valeur ajoutée, sous la pression de ses actionnaires, appâtés par le management et les stratégies financières mondiales l'entreprise décide de se recentrer sur la branche pharmaceutique, formulation et conditionnement des médicaments, beaucoup plus lucrative. Cette restructuration aboutit en 1990 à la création d'Aventis, groupe agrochimique et pharmaceutique, né de la fusion de Rhône-Poulenc, de l'Allemand Hoechst, des Américains Rorer et Marion et du britannique Fisons. En 2002 Bayer acquiert la branche agronomique. En 2004, sous les coups d'une OPA amicale de Sanofi, le reste d'Aventis est absorbé par cette transnationale tentaculaire qui bénéficie très largement de fonds publics. En 2017, Sanofi a ainsi bénéficié de 581 millions de remboursements de l'assurance maladie française.

Parallèlement à cette mondialisation économique et financière et au fil du temps, les pays globalisent et mondialisent leurs institutions. Avec la création en autres de l'ONU-FAO (Organisation des Nations Unis pour l'alimentation et l'agriculture), de l'OCDE (Organisation de Coopération et de Développement Economiques), de l'OMC (Organisation Mondiale du Commerce), du FMI (Fonds Monétaire International), de la Banque Mondiale, OMS (Organisation Mondiale de la Santé). Aucun secteur, ni domaine de l'activité économique n'échappe à ce processus. De notre assiette, à nos équipements high tech, en passant par notre dressing ou l'armoire à pharmacie, nous consommons des biens nés d'une « *déterritorialisation* »[20] pour parler comme Deleuze et Guattari. Et il devient possible d'appliquer au phénomène le vers de Corneille : « *Rome n'est*

------

[20] *Mille Plateaux*, « Trois nouvelles ou *Qu'est-ce qui s'est passé ?* »,Deleuze - Guattari p. 244 Editions de Minuit -Paris 1980

plus dans Rome, elle est toute où je suis » [21]... de là à en déduire que le coin de la rue n'est plus à deux pas … il n'y a qu'un pas !

Un pas, que ces derniers mois de pensée confinée nous obligent à franchir. La pandémie et ses conséquences, non encore toutes révélées, sont une extraordinaire matière à réfléchir, de confinée la pensée devient confirmée .Nous nous pensions triplement protégés par une Organisation Mondiale de la santé, un État Providence et la Pharmacie du coin que nous imaginions auto-suffisante…. *"Face au Covid, la désillusion française"* [22] : retard, hésitation, flou et contradictions dans les décisions et communications de l'exécutif, pénuries de moyens sanitaires et médicaux. Comment expliquer qu'un virus mondialisé a mis à l'arrêt notre pays, la sixième puissance mondiale et révélé ses faiblesses ? Intellectuels, penseurs s'interrogent : faiblesse d'Etat ? dysfonctionnement et limite d'une économie

---

[21] P. Corneille, Sertorius, acte 3, scène 1,1662.

[22] *"Face au Covid, la désillusion française"* article signé Sarah Belouezzane - *"Le Monde"* du 6 juin 2020,

globalisée ?.   Ils bouleversent la philosophie politique et imaginent *"un monde d'après"*[23].

Ils font un premier constat et il est politique. D'une part, le pouvoir ne s'exerce plus seulement sur les citoyens qui peuplent la cité (polis en grec ancien) mais sur la vie (*bios*), qui ne s'étend plus seulement à la vie civique mais également à la vie biologique, pas uniquement sur le corps social mais également sur le corps physique. La santé devient une obligation juridique et met en place la biopolitique et sa biolégitimité.

Elle transforme l'État-providence en *"État-prévoyance"*[24]. Face au Covid19 l'Etat doit *"être à la fois jacobin et girondin"*[25] pour mettre en place une stratégie, une ligne de commandement et une logistique afin de construire une force de santé publique et une force de frappe industrielle qui, face à une épidémie de grande ampleur, puissent être capable de répondre en temps et en heure aux besoins et approvisionnements. Toutefois, et paradoxalement, une

---

[23] *"la pandémie de Covid19 une extraordinaire matière à penser qui bouleverse la philosophie politique"* article signé Nicolas Truong - *"Le Monde "* du 5 juin 2020

[24] *"L'avènement de l'Eta-prévoyance"* - Tribune du journal *"Le Monde"* du 19 juin 2020, signée Frédéric Allaire

[25] *Entretien avec l'épidémiologiste William Dab,* propos recueillis par Paul Benkimoun - Journal *"Le Monde"* juin 2020

crise de l'ampleur de celle que nous venons de vivre demande une décentralisation qui permettrait une réglementation adaptée à la réalité sanitaire des territoires et éviterait le confinement généralisé et la paralysie économique du pays.

Le deuxième constat est économique. Pénurie de matériel et dépendance pharmaceutique pointent du doigt les méfaits de la mondialisation. De nombreux pays, dont la France, découvrent à quel point ils dépendent de la Chine pour leur approvisionnement . L'Europe de la santé n'existe pas, ses frontières intérieures se ferment, Covid19 à raison de Schengen. Elle répond aux abonnés absents, aux appels désespérés de l'Italie, première victime européenne durement touchée dès le mois de janvier 2020. C'est la Chine qui volera à son secours en livrant sur un tarmac italien, masques, respirateurs, médicaments ainsi qu'une poignée de médecins chinois rôdés aux virus. La guerre des masques commence. Elle s'illustre, entre autre, par des détournements de livraison sur les tarmacs et des réquisitions. On ressort les machines à coudre et on déchire les vieilles chemises en coton. La France, face à la pénurie, choisira tout d'abord le déni en affirmant que le port du masque n'est pas le moyen de se protéger de la contamination. Trois semaines plus tard, face à l'ampleur de la propagation du virus, elle instaurera le confinement complet de ses citoyens et l'arrêt de ses activités. La France restera ainsi prostrée durant des semaines, dans l'attente d'hypothétiques arrivages de masques et des principes actifs nécessaires à la fabrication du gel hydroalcoolique et de certains médicaments. Attente qui révèlera que l'allongement continu des chaînes d'approvisionnement et de la division internationale du travail depuis plus de trente ans, ainsi que leur fonctionnement à flux tendus, sont désormais perçus comme des sources de danger difficilement supportables et justifiables. Les différents symptômes d'une mal-organisation du monde exige une relocalisation des activités. *« Relocaliser n'est plus une option mais une condition de survie de nos systèmes économiques et sociaux. »*[26] De cette prise de conscience jailliront les appels à la relocalisation : le 10 avril dernier, un collectif d'associations lançait une consultation citoyenne sur *"comment inventer ensemble le monde de demain"*[27] . En à peine 10 jours, 294 propositions de relocalisation étaient postées. Parmi les

---

[26] *« L'Histoire n'est pas écrite »,*Tribune signée d'un collectif composé des économistes, Maxime Combes, Geneviève Azam, Thomas Coutrot, et du sociologue Christophe Aguiton, *"Le Monde"* 22 mars 2020
[27] *"Relocalisation et Made in France : utopie ou réalité économique ?"* par Anne Taffin - Revue *Maddyness* - 09 mai 2020

principaux secteurs concernés arrivaient en tête la santé, les médicaments, matériel médical, l'énergie, le textile et le secteur agricole. L'objectif était clairement établi : la France doit retrouver une autonomie de production et une indépendance sur les produits vitaux.

Relocaliser n'est plus une option mais une condition de survie. Les français veulent satisfaire leurs besoins vitaux dans les échoppes du coin de la rue. Cette exigence remet sur le devant de la scène le sempiternel débat du Made In France. Elle place en haut de la pile un dossier sur lequel de nombreux politiques et économistes se sont déjà cassés les dents, celui de la relocalisation. La pénurie de masques, de blouses, de respirateurs mais aussi de certains médicaments témoigne d'un réel problème de dépendance concernant certains biens stratégiques. Associée à l'émergence du Droit à la santé physique et à l'attente envers un Etat-prévoyance, elle oblige au changement de paradigme. Il faut raisonner la relocalisation en dehors de la logique capitalistique de "coût", et faire sortir certaines productions de la sacro-sainte "loi du marché".

Relocaliser quoi et comment ? Aujourd'hui, la formulation et le conditionnement des médicaments se font sur notre territoire, mais 80% des principes actifs entrant dans la composition de ces des médicaments sont importés de Chine et d'Inde contre 20% il y a 30 ans[28]. Il faut pallier les manques en molécules indispensables à la réanimation des malades comme le propofol, un anesthésique ; le midazolam, un hypnotique principalement produit en Inde ; les curares, utilisés pour relâcher les muscles avant l'intubation, le paracétamol principe actif de nombreux antidouleurs qui est aujourd'hui produit à 60% en Chine.

Emmanuel Macron l'a annoncé sans plus de détails, mardi 16 juin, lors de sa visite du site de production de vaccin de Sanofi Pasteur : la France doit relocaliser *« certaines productions critiques »*[29], comme celle des principes actifs, mais aussi relocaliser la recherche et la fabrication de médicaments et de vaccins. Il y va, selon le président de la République, de la sécurité sanitaire et de la souveraineté industrielle du pays. Si, sur le principe, les industriels ne s'y disent pas hostiles, toutefois la réalisation n'est pas sans poser divers problèmes et se heurte à certaines contraintes. Trouver un site, le

---

[28] *L'histoire n'est pas écrite*"Tribune signée d'un collectif composé des économistes, Maxime Combes, Geneviève Azam, Thomas Coutrot, et du sociologue Christophe Aguiton, *"Le Monde"* 22 mars 2020

[29] *"Le gouvernement amorce une politique de relocalisation des médicaments"* par Jean Michel Bezat -
"Le Monde" du 08 juin 2020.

mettre aux normes et ouvrir une usine prend entre trois et cinq ans. Pour fabriquer les produits injectables comme le midazolam, le site doit être stérile, ce qui induit des coûts supplémentaires. Les industriels s'interrogent donc sur l'aide à l'investissement, sur la compétitivité, sur la garantie des prix, sur la fiscalité et le crédit d'impôt-recherche. L'Etat devra mettre la main à la poche et réorienter les aides publiques. Il devra notamment tenir compte de la faisabilité socio-économique et de l'impact environnemental et social de ces relocalisations. La France et ses consommateurs sont-ils prêts à réintroduire un produit loin d'être écologique sur leur territoire ? Les esprits risquent d'être divisés sur la question. Le coin de la rue ne risque-t-il pas de devenir le lieu d'affrontements idéologiques entre deux visions, l'une éco-responsable , l'autre pharmaco-consumériste ?

BIBLIOGRAPHIE

-*Mondialisation ou globalisation ? Les leçons de Simone Weil* - Sous la directi[c] Supiot - Collège de France - 2019
-*Mondialisation et délocalisation des entreprises* - El Mouhoub Mouh[e] Découverte - Collection *Repères* - 2013
-*La Mondialisation des risques* - Sous la direction de Soraya Boudia et [I] Henry - PUF de Rennes - 2015
-*Introduction à la géographie économique* - Guilhem Boulay et Antoine Gran[c] Armand Colin – 2019

-Actes pour une économie juste - Sous la direction de Dominique de Co
Lemieux /Éditeur - 2015

-La construction quotidienne de la dimension politique-[30]

Par Claudio Santana[31]

Les alternatives fournies par la pratique sociale ont toujours été et le seront toujours, en termes d'individualités ou de particularités, distinctes et contradictoires ; elles se posent comme un flux constant de l'ensemble vers les parties, et vice versa.

Cette dynamique d'actions qui informent (ou violent) l'organisation de la société, ce transit continu, est ce qui caractérise peut-être le mieux ce que l'on peut appeler, au temps contemporain, le politique. Si nous acceptons cette perspective, la politique ne peut pas être conçue comme un lieu ou un espace du social mais, précisément, comme un « non-lieu », comme un mouvement. Par conséquent, le concept de politique ne peut plus être considéré comme

---

[30] : Traduction Tania do Valle Tschiedel, que nous remercions ici chaleureusement.
[31] : Claudio Santana, photographe, artiste plastique et essayiste brésilien né en 1968, est responsable de structures culturelles.

caractérisant une qualité des pratiques sociales, mais comme l'exercice universel de cette pratique. Dans un sens métaphorique, on peut dire que l'acte politique est ce qui se révèle lorsque l'on coupe, transversalement et singulièrement, le tissu du processus historique, qui se déploie dans la flèche longitudinale du temps.

Pendant longtemps, la politique a été étudiée comme un système, comme un complexe d'entités institutionnelles qui cristallisent la reproduction. Plus tard, on a commencé à la reconnaître de plus en plus comme devant être comprise comme un processus, le résultat de conflits qui imprègnent tous les pores du social, c'est-à-dire, aussi, comme une création de la société. Il a commencé à être compris comme un espace de libération de la pure détermination, devenant alors, un vecteur de l'autoproduction universelle des individus, respectant leur condition de sujets historiques.

Cependant, pour esquisser comme introduction la synthèse d'une notion de politique en deux paragraphes, il a fallu utiliser une poignée de catégories qui ne peuvent être saisies que dans une construction théorique, fondée sur des conceptions du processus historique, de la philosophie, de l'épistémologie, etc. Mais comment discuter le sens de la politique avec ceux qui n'ont aucune formation théorique, que ce soit par manque d'accès, de formation ou d'intérêt, et qui constituent l'essentiel de la société ?

Nous pouvons facilement parvenir à un accord générique sur le fait que le rôle de la théorie politique est de démêler les processus réels et historiques, en indiquant à la fois les voies objectives qui mènent à la domination et celles qui peuvent conduire à la liberté. Mais nous savons que la théorie politique du « per si » ne change pas la vie. Elle peut analyser et comprendre la pratique, montrant aux individus que ce sont leurs propres actions qui ont produit les conditions auxquelles ils sont soumis et, ainsi, démontrer qu'ils peuvent, s'ils le souhaitent, les changer. Mais cela ne se produira de manière concrète qu'après le développement d'une conscience sociale. C'est-à-dire que la théorie a une fonction critique qui lui est inhérente, mais, en soi, finit par devenir étrangère aux valeurs à partir desquelles les individus feront leurs choix dans le champ objectif des possibilités. Ce sont eux, dans leur réalité, qui choisissent la voie à suivre.

Dans cette perspective, le principal défi de l'étude de la politique aujourd'hui est peut-être de savoir comment établir le dialogue nécessaire avec les communautés (avec leurs identités, leurs territorialités et leurs manifestations), de manière à ce qu'elles atteignent et puissent identifier la dimension politique de son existence et s'approprier d'elles, au-delà de la reproduction stérile des discours. Et il me semble très difficile, notamment, d'indiquer ce chemin sans aborder les expressions culturelles de ces communautés.

Il ne s'agit pas d'établir une opposition entre le "savoir théorique" et la culture populaire. Au bout de compte, cela impliquerait un éloge de la pensée académique comme exercice critique et la dilution de la culture populaire comme manifestation spontanée et objet d'analyse et de codification, conduisant uniquement à la rétroaction (au retour d'information) de la théorie. Et, bien sûr, il ne s'agit pas non plus d'établir une valeur transcendante des manifestations culturelles. Le mot- clé est l'*interlocution*.

Seule une théorie politique qui peut aboutir à une connaissance plus concrète que le « savoir » contraint par les paramètres académiques peut établir un dialogue efficace avec le corps idéologique d'une collectivité. Et, pour cela, il lui faut identifier, dans la diversité de son expression culturelle, les canaux organiques de conversation qui permettent de traduire les singularités de sa réalité dans une dimension universelle, et chercher les voies à suivre vers une conscience politique partagée.

La culture n'est ni la science ni l'opposé de la science. Ce n'est pas de la théorie ni nécessairement une illusion ou une inversion du réel. La culture n'est pas seulement la reproduction des relations dominantes, ni une vision inévitablement contemporaine ou critique d'une société donnée. Mais c'est, sans aucun doute, l'une des expressions politiques les plus légitimes d'une collectivité, même si elle est dépourvue de téléologie, même si elle ne produit pas immédiatement une prise de conscience sur ses déploiements anthropologiques.

C'est ainsi qu'il ne vaut plus désormais la peine d'essayer établir ce qu'est la politique, mais d'admettre la difficulté de souligner ce qui, dans les relations sociales, pourrait cesser d'être politique. Comprendre la culture comme un espace de dialogue pour la construction d'une conscience sociale ne dépend pas d'une évaluation de ses mérites, mais de notre sensibilité à percevoir (quelle ironie…) sa dimension politique légitime. Peut-être les deux, la Culture et la Politique, sont-elles devenues dans la réalité contemporaine un amalgame inséparable de l'expression de l'action humaine.

Bien sûr, il existe différents points de vue qui limitent la notion de politique aux dimensions de la lutte pour le pouvoir, qu'elles soient autoritaires ou démocratiques, ou des compréhensions plus exigeantes, qui sont renforcées pendant les crises économiques mondiales périodiques, permettant de discuter de géopolitique. Je ne peux pas me tenir ici à ces préoccupations, qu'on me pardonne. Même, parce que je crois que le système de marché surmonte ses propres crises en en générant d'autres, je préfère viser les coulisses, pas la grande scène. Mon malaise face à ces points de vue est leur focalisation sur la structure, leur mépris indubitable pour la participation populaire, leur difficulté à construire une mentalité critique capable de se propager collectivement, afin que les individus aient la possibilité de développer une conscience sociale de façon indépendante. Cela ne signifie pas que nous soyons cantonnés dans des tranchées distinctes.

Ce que nous ne pouvons plus faire, c'est rester piégés dans nos myriades de réflexions cristallines et ignorer l'inefficacité de nos élaborations, lorsqu'elles sont dépouillées de dimension énergique, c'est-à-dire de capacité et de puissance de transformation de la réalité.

La perspective de comprendre la politique comme un "non-lieu", comme un mouvement, devrait nous obliger à sortir de nos tours réfléchissantes et à nous salir les pieds sur le sol du peuple, à faire communion, et à réaliser que nous pouvons, depuis notre étude, aider à organiser une communauté, tandis que la communauté nous aide à organiser la compréhension du monde.

C'est cela que nous pouvons nommer « culture ».

-A construção quotidiana da dimensão politica-

Por Claudio Santana

As alternativas dispostas pela prática social sempre foram e sempre serão, no plano das individualidades ou das particularidades, distintas e contraditórias; existem como um fluxo constante do todo para as partes, e vice-versa. Essa dinâmica das ações que informam (ou violam) a organização da sociedade, esse trânsito contínuo é o que talvez melhor caracterize aquilo que podemos chamar contemporaneamente de política. Se aceitarmos esta perspectiva, a política não pode ser concebida como um lugar ou um espaço do social, mas precisamente como um "não-lugar", como movimento. Portanto, o conceito de política não pode mais ser visto como caracterização de uma qualidade das práticas sociais, mas como o exercício universal desta prática. Num sentido metafórico, podemos afirmar que o ato político é o que se revela quando recortamos, transversal e singularmente, o tecido do processo histórico, que se desenrola na seta longitudinal do tempo.

Durante longo tempo a política foi estudada enquanto sistema, como um complexo de entes institucionais que cristalizam a reprodução. Mais tarde, passou cada vez mais a reconhecer a necessidade de ser compreendida como processo, fruto de conflitos que perpassam todos os poros do social, ou seja, também como criação da sociedade. Começou a ser compreendida como espaço de libertação da pura determinação, tornando-se então vetor da autoprodução universal dos indivíduos, respeitando sua condição de sujeitos históricos.

Contudo, para delinear introdutoriamente a síntese de uma noção de política, em dois parágrafos, foi necessário lançar mão de um punhado de categorias que só podem ser apreendidas dentro de um construto teórico, embasado em concepções do processo histórico, da filosofia, da epistemologia, etc. Mas como discutir o significado da política com aqueles que não possuem nenhuma formação teórica, seja por falta de acesso, de formação ou de interesse, e que constituem a maior parte da sociedade?

Podemos chegar facilmente em um acordo genérico sobre o fato de que o papel da teoria política é desvendar os processos reais e históricos, apontando tanto os caminhos objetivos que conduzem à dominação quanto aqueles que podem conduzir à liberdade. Mas sabemos que a teoria política por si só não muda a vida. Ela pode analisar e compreender a prática, mostrando aos indivíduos que foram suas próprias ações que produziram as condições às quais estão submetidos e, assim, demonstrar que eles podem, se quiserem, mudá-las. Mas isso só ocorrerá de modo concreto a partir do desenvolvimento de uma consciência social. Quer dizer, a teoria tem uma função crítica que lhe é inerente mas, em si mesma, acaba por tornar-se alheia em relação aos valores a partir dos quais os indivíduos farão suas opções no campo objetivo das possibilidades. São eles, reais, que escolhem o caminho a seguir.

Diante desta perspectiva, talvez o principal desafio relativo ao estudo da política, atualmente, seja como estabelecer a interlocução necessária com as coletividades (com suas identidades, suas territorialidades e suas manifestações), de tal forma que estas alcancem e possam identificar a dimensão política de sua existência, e apropriar-se dela, para além da reprodução estéril dos discursos. E me parece muito difícil, particularmente, apontar este caminho sem aproximar-se das expressões culturais destas comunidades.

Não se trata de estabelecer uma oposição entre o "saber teórico" e a cultura popular. No final das contas, isto implicaria em um elogio do pensamento acadêmico como exercício crítico e na diluição da cultura popular como manifestação espontânea e objeto de análise e codificação, conduzindo apenas à retroalimentação da teoria. E, por evidente, também não se trata de estabelecer algum valor transcendente para as manifestações culturais. A palavra-chave é interlocução.

Somente uma teoria política que consiga atingir um conhecimento mais concreto do que o "saber" constrangido pelos parâmetros acadêmicos poderá estabelecer um diálogo eficaz com o corpo ideológico de uma coletividade. E, para tanto, precisa identificar, na diversidade de sua expressão cultural, os canais orgânicos de conversação que permitam traduzir as singularidades de sua realidade para uma dimensão universal, e buscar caminhos a serem percorridos em direção a uma consciência política compartilhada.

A cultura não é ciência nem o oposto da ciência. Não é teoria nem é, necessariamente, ilusão ou inversão do real. A cultura não é tão-somente a reprodução das relações dominantes, tampouco uma visão inevitavelmente contemporânea ou crítica em relação a uma determinada sociedade. Mas é, sem dúvida, uma das mais legítimas expressões políticas de uma coletividade, ainda que despida de teleologia, mesmo que sem produzir, de forma imediata, alguma consciência sobre seus desdobramentos antropológicos.

E assim como agora não vale a pena procurar estabelecer o quê é política, mas admitir a dificuldade de apontar o quê, nas relações sociais, poderia deixar de ser política, compreender a cultura como espaço de diálogo para a construção de alguma consciência social não depende de uma avaliação de seus méritos, mas de nossa sensibilidade em perceber (que ironia) sua legítima dimensão política. Talvez ambas, a Cultura e a Política, tenham se tornado na realidade contemporânea um amálgama indissociável da expressão do fazer humano.

Claro que há visões diferentes que restringem a noção de política às dimensões da disputa de poder, sejam autoritárias ou democráticas, ou compreensões mais exigentes que se fortalecem por ocasião das periódicas crises econômicas mundiais para discutir a geopolítica. Não tenho como contemplar aqui estas preocupações, com todo o respeito. Inclusive porque creio que o sistema de mercado supera suas próprias crises gerando outras, e prefiro mirar nos bastidores, não no grande palco. Meu desconforto com estas visões é seu foco na estrutura, seu inconfessável desprezo pela participação popular, sua dificuldade em construir uma mentalidade crítica capaz de se disseminar coletivamente, para que os indivíduos conquistem a possibilidade de desenvolver uma consciência social com independência. E isto não significa que estejamos em trincheiras diferentes.

O que não podemos mais é permanecer encastelados em nossas miríades de reflexões cristalinas e ignorar a ineficiência de nossa elaboração, sempre quando despida de sua dimensão enérgica, que é a capacidade e a potência de transformação da realidade.

A perspectiva de compreender a política como um "não-lugar", como movimento, deveria nos obrigar a sair de nossas torres refletivas e sujar os pés no chão das gentes, e comungar, e perceber que podemos, com todo nosso estudo, ajudar a organizar uma comunidade, ao mesmo tempo em que a comunidade nos ajuda a organizar a compreensão do mundo. E a isso chamar de cultura.

-La quadrature du monde-

Par Emmanuel Tugny[32]

33

<hr>

[32] : Emmanuel Tugny, agrégé et docteur de l'université, écrivain, philosophe et musicien chrétien engagé à gauche, est né en 1968. Il a, depuis 1993, publié une soixantaine d'ouvrages et d'albums.

[33] : Image : Borne de délimitation *« inter Musulamios et Siccenses »* (peuples de Numidie*), début du IIème siècle.*

Le « coin de la rue », le « pas de la porte », le « quartier », tiennent, en doxa contemporaine, le rôle de l'ancien forum, ils sont le lieu de l'exercice politique rédempteur, celui qui rachète les péchés de la souveraineté qui tétanise, comminatoire, depuis ses nuées, de la souveraineté « cachée », au sens de Lucien Goldmann[34].

Cela semble entendu : les gestes, les postures, les « costumes »[35], les volontés qui traduisent, dans un au-delà nébuleux, la volonté des solitudes converties par un « je- -ne-sais-quoi » [36] à l'exigence du pacte représentatif, les institutions qui aliènent en « immobilités » foncières cette volonté, tout ceci est toujours trop loin, trop sis dans un lointain, et cette distance tenue est au « *populus* » cantonné à sa glèbe, une insupportable nasarde.

Le coin de la rue est rédempteur, il est la synecdoque[37] d'un corps politique rassis dans une juste approximation.

Il n'est pas seulement le logos qui, de ses angles, de ses angulations germinatives, de la prospérité de ses angles, fait monde, il est aussi ce qui, du monde créé sur l'incréé,

---

[34] : Lucien Goldmann, *Le Dieu caché*, Paris, Gallimard, 1956.

[35] : https://fr.wiktionary.org/wiki/costume

[36] : Vladimir Jankélévitch, *Le Je-ne-sais quoi et le presque rien*, Paris, PUF, 1957.

[37] : https://fr.wikipedia.org/wiki/Synecdoque

« advient », témoigne de la capacité à complaire au désir « d'élévation en l'autre » de la solitude qu'il convoque à la rencontre, à concéder à celui que la souveraineté meut un témoignage « au lieu de », l'haleine du corps commun glorieux revenu de ses nues, les « parisiennes », les « européennes », les « mondiales » : les nébuleuses.

L'angle ne suffit pas, il faut encore que l'angle cause, il faut qu'un logos du logos, qu'une ventilation, qu'une anima de l'anima qui « devise »[38] le monde se penche sur son enfant, il faut qu'un départ de corps[39] se départe à chaque instant, « pour preuve », vers l'organicité rapportée à soi de l'enferré, du captif, de ce sujet pour qui les angles ne sont plus rien, pour qui ils cèdent sous le retour du refoulé chaotique, du refoulé des vaux, des courbes, des vallons, des lacis, sous le retour des contradictions portées à soi-même par un « réel » lassé de son inféodation au « dégueulis de quadrature » cher à Léo Ferré[40].

En somme, un angle vaudrait pour tous les angles, une dureté pour toutes les duretés, un *templum* pour tous les temples.

---

[38] : https://fr.wiktionary.org/wiki/deviser
[39] : Le « corps constitué »
[40] : Léo ferré, « Il n'y a plus rien », Barclay, 1973.

De la manifestation d'un politique redevenu, pour le sujet inquiet, ce vallonnement de Joos de Momper [41] , ce rayonnement de Turner, mais un vallonnement, un rayonnement exsudés par l'angle, par le *lituum*, par le bâton de la prophétie, de la promesse politique, le coin de la rue, le quartier, le block, l'ilot, l'insula, le pâté, formeraient la partie qui rassure et conforte, la forme intermédiaire entre deux « aventures » intangibles : celle des soubassements indivis du monde intelligible, celle de son dépassement dans le non-être du devenir nuageux d'un politique sans contour, sans circonscription.

Deux chaos menaceraient le promis de la fiancée politique : celui de la dissolution, de l'effondrement, de la corruption, de la ruine du département des choses par un dérèglement de retour, celui de son engloutissement par la lave d'un devenir informel de l'architecture d'homme.

La souveraineté d'amont, la souveraineté d'aval, le réel et son double eschatologique, renverraient à son célibat le sujet politique condamné à la passivité et à la déréliction de l'orphelin du sens et de sa matérialité statuaire.

---

[41] : https://fr.wikipedia.org/wiki/Joos_de_Momper

Le coin de la rue, ce pont touché du pied et après quoi, chante Brassens « c'est tout de suite l'aventure » [42] constituerait, dans la nébuleuse, le signe de la présence, de la fermeté au présent, de la mise au pas de l'insensé par le politique, par le logos politique, par cette promesse particulière de l'emprise commune sur la marche bacchique, forcenée, de la tribu.

Le monde politique produit de l'angle, la cité fait des coins. Civiliser c'est « deviser »[43]. En l'empire de la communauté rassise par l'édification de sa souveraineté, règne le terme ou le « *pagus* »[44].

Le block, le quarteirão, l'ilot, l'insula, le pâté, le plan, sont les signes patents, dans l'économie du pacte public, du partage du monde entre des sujets « rattachés ».

Le terme, la borne, le *pagus* qui, distinguant espaces et sujets, les rendent à la fois solidaires et quittes depuis l'édification d'un plan, d'une « quadrature du monde », la répercussion en écho de cette quadrature qui, dans tous les temps, dans tous les espaces, origine une géométrie générale, témoignent de l'extravasement de soi du politique de l'origine, du pacte passé par une interruption du cours du suintement naturel

---

[42] : Georges Brassens, « Il suffit de passer le pont », Jacques Canetti, 1952.
[43] : Marco Polo, *Le Devisement du monde*, 1298, Paris, Gallimard, 1998.
[44] : https://fr.wikipedia.org/wiki/Pagus

et de l'interprétation solitaire des « instants » chers à Bergson[45] et Jankélévitch[46].

Le politique est cet esprit depuis quoi le monde labile est meurtri par l'angle, par un angle répercuté en tous lieux et qui porte partout témoignage, sinon de la nécessité, du moins du poids du désir courant du pacte passé dans le courant des choses.

Que la répercussion, que le rythme s'épuise devant le regard et le pas « localisés », et vallonnements et rayonnements, cours et limon, contradiction formelle à la contradiction formelle en érodent le chant agonique : la réplication infinie du coin de la rue l'épuise au bénéfice de l'affirmation de ce territoire d'où « lève » et « gonfle » la moisson éruptive des épis du peuple, semblable à la pluie atomique parallèle de la philosophie de Lucrèce[47].

Le politique, c'est la masse, le précipité qu'occasionne la déviation, le *clinamen*[48] de cette pluie épicurienne des atomes d'humanité ; de même, c'est le lieu soudain clos par l'angle où chaque épi fait synecdoque du champ, chaque fût de la futaie.

---

[45] : Henri Bergson, *Matière et mémoire*, 1896, Paris, Flammarion, 2012.

[46] : *Op. Cit.*

[47] : Voir Lucrèce, *De Natura rerum (de la Nature des choses)*, 53-54, Paris, Arléa, 1995.

[48] : https://fr.wikipedia.org/wiki/Clinamen

Le *pagus*, c'est ce trait qui blesse la terre et qui témoigne de la solidarité de ceux qui sont à la fois quittes et liés par la quittance.

La borne, c'est cet ajout au paysage qui rend chaque pas intelligent du prochain.

Le monde du politique est un règne fragile des enclos que menace un retour du refoulé nébuleux, que menace son procès continu par la sauvagerie d'un règne des recouvrements qui guette ses abandons ou cette hybris, par laquelle il entend se dépasser lui-même, pour décréter l'insuffisance de son décret, pour faire advenir l'angoisse d'une submersion possible de sa quadrature, des cicatrices de son soc.

Le coin de la rue, son impassibilité anguleuse, c'est le sacrifice votif et tragique, la preuve, par le coup qui fiche en terre, qu'au réel la communauté est « quelque chose » : une matérialité d'homme contre la matérialité.

C'est aussi, à l'instar du *pagus*, la promesse de la proximité pour toujours acquise de la solidarité des êtres quittes ou débiteurs les uns des autres, c'est-à-dire du dépassement de leur cheminement au monde dans des signes qui en font un « corps de corps ».

Mais cette solidarité, comment ne pas l'interroger depuis l'angle, précisément, depuis cette matérialité disposée sur le matériel meurtri ?

Car si le coin de la rue, si le *pagus*, est bien l'aliénation matérielle de l'acte de souveraineté du corps des corps, rien ne garantit au corps que le corps s'y rendra bien à l'invitation du corps. Rien ne garantit que cette souveraineté soit bien une présence.

La promesse politique engendre une foi en la promesse. Elle engage l'espérance en ceci que, face au *pagus*, passé l'angle ou le pont, le corps solidaire invité fera « acte de présence ».

L'appel à ce corps, à ce sujet recours dont la solidarité à mon corps fonde une souveraineté d'homme au réel, est-il entendu de celui que j'appelle, au simple motif qu'un signe posé, fiché dans le monde, le convoque à m'y rejoindre ?

Et si le coin de la rue passé, et si dans ce dépassement de l'angle, le prochain, j'étais seul ?

Et si cette proximité d'autrui que pose la borne posée demeurait promesse ?

Et s'il n'y avait nulle aventure d'humanité, passé le pont, l'ilot, le quartier ?

Et si le signe ne faisait sens qu'en tant que matérialité ?

Et si l'angle allégorique du sort commun n'était qu'un angle ?

Et si l'emblème n'était qu'un dessin de plus dans le dessin du monde, et s'il ne renvoyait qu'à l'effort singulier, solipsiste, du dessin, de l'inscription dans le monde ?

Et s'il n'était qu'un poème vain, un poème sans effet de convocation de l'autre à me rejoindre en mêmeté ?

Et si la subordination de l'espace et du temps ne valait pas subordination de l'être-là à son prochain ? Si au contraire elle retenait en soi le prochain, à toujours en faire un prochain au lieu que d'en faire le même en la souveraineté du temple ou de la « maison commune » ?

Et si le plan tatoué sur le territoire, le nom tatoué sur le lieu, qui entendaient suffire à faire territoire et lieu, c'est-à-dire peau ou substance humaine du monde, n'y suffisaient pas « en tant que tels » ? Si, au contraire, ils dispensaient de l'effort perpétuel de « s'y rendre » ?

En somme, si le « coin de la rue », répercuté dans les espaces, signifie qu'ils sont un empire humain, sis, comme l'Œdipe de Jean-Pierre Vernant et Pierre Vidal-Naquet[49], entre les inhumanités égales du monstre sauvage et du monstre divin, n'est-il pas toujours disposé, comme signifiant pur, comme signe de rien que de soi, à trahir sa promesse en faisant retour à soi sans préjudice de signification ?

---

[49] : Jean-Pierre Vernant et Pierre Vidal-Naquet, *Œdipe et ses mythes*, Paris, Editions Complexe, 1988.

Et si le symbole s'ensauvageait, s'il devenait nature dans la nature, étant dans l'étant, fût dans la futaie, épi dans le champ sans borne ?

Il n'est pas au politique d'espace physique du politique : l'espace du politique est un coin de ciel (un « *templum* ») désigné au hasard par ce geste inspiré qui unit un corps prophétique et un bâton votif (le « *lituum* »), il est un coin de la rue ou une « institution des institutions », qu'importe, dont le sens est inscrit au cœur de la volonté de convocation de l'autre à faire souveraineté dans la mêmeté inventée, dans un poème collectif, dans un plain-chant de la solidarité des solitudes.

Il n'est pas de « proximité » en politique : la politique, c'est la proximité abolie par la mêmeté.

Pour le dire plus exactement : la politique est cette idée de la proximité qui démonétise, de la proximité, la force dissociative.

Le recours du politique à la proximité est illusoire, il rend compte d'une difficulté à fonder la souveraineté sur l'écho de la borne, du terme, de l'angle, du *pagus*, sur le symbole du symbole.

Il rend compte d'une incapacité de la souveraineté à passer outre la « physicité » de ses signes, à en imposer la promesse synecdochique.

Or, le coin de la rue où doit apparaître celui qui, pour et par moi, échafaude l'espace d'une souveraineté commune et le coin du cosmos, le coin du monde logique, sont une seule et même chose : l'aménagement fragile du monde où prend corps la prophétie, la « bonne nouvelle » communautaire.

Si le coin de la rue est plus politique que le coin du monde, alors la promesse politique est rompue, et le signe est signifiant, forme pure, ruine valant comme ruine.

Si le coin de la rue est bien le geste posé, dans la nuée du temps, d'une convergence volontaire des destins, alors, peu chaut au fidèle la forme de sa répercussion.

Le corps de Marianne vaut son parfum, le susurrement à l'oreille de la gorge politique vaut son murmure du lointain, le chant du muezzin vaut le mot d'amour : ou le *pagus* est relique ou il est *pagus*, ou la borne est promesse ou elle est caillou parmi les cailloux.

Ou bien l'hostie du prêtre marié de Barbey d'Aurevilly[50] est transcendance dans un corps du monde, ou bien elle est rebut parmi les rebuts matériels abandonnés aux cochons.

Ou bien le coin de la rue est une contrariété de la voie droite, ou bien elle est promesse d'une rencontre.

---

[50] : Barbey D'aurevilly, *Le Prêtre marié*, 1865, Paris Gallimard, 1980.

Ou bien le « devisement du monde » de Marco Polo est un monde apprêté, une fable du monde, ou bien il est « l'outre-monde » affermi de la destinée collective.

Il n'y a de politique que cette exaspération de la proximité où le prochain cesse d'être perçu comme la limite d'une « humaine condition ».

L'exaspération de la proximité, son dépassement dans une pensée de la proximité qui ne la conçoit ni comme limite de corps ni comme abolition du corps, qui opère une étrange construction dans laquelle le corps n'est ni limite ni néant, c'est sans doute le politique en tant que voie moyenne, voie étroite, chas d'aiguille entre deux règnes nébuleux : celui dont il s'extrait par l'angle, le temple, la fonction distincte, celui qui le submerge quand s'érode ou se délite sa fermeté apotropaïque[51].

Or, celui qui, du politique, postule l'affermissement dans la proximité du coin de la rue, celui qui le « territorialise » et le caserne en une physicité, est son corrupteur en cela qu'il le rapporte à une « échelle » dont l'esprit vivant du fait humain n'a que faire, dont l'esprit n'a que faire.

Il y a du politique où il y a de l'angle, de l'angle intégré et dépassé, de l'angle submergé par un désir d'autrui qui ne se

---

[51] :https://www.larousse.fr/dictionnaires/francais/apotropa%C3%AFque/4616

dit que dans l'intégration et le dépassement de l'angle, du coin.

Pas de coin, pas d'effort : pas de condition posée à la marche d'homme, pas de condition d'homme.

Mais que le coin ne soit que le coin, qu'il se trouve réduit à sa physicité de coin, d'une rue par exemple, et voici qu'il n'est condition que de soi, voici que rien ne se dit en lui d'une condition d'homme, de l'instant et du temps long d'un dépassement du rapport insensé à « l'objet objectif » du monde.

Le pont, en somme, c'est l'aventure ou c'est le pont.

Le coin de la rue, en somme, c'est le monde des hommes ou ce n'est que le coin de la rue.

Oui : où que nous nous attendions, où que nous fassions jonction, lui qui veut s'entendre en moi, moi qui veux m'entendre en lui, se pose et s'administre un angle, un « coin du monde ».

Bibliographie sommaire :

- Castells, Manuel, *Le Pouvoir de l'identité*, Paris, Fayard 1999.
- Deleuze, Gilles et Guattari, Félix, *Mille Plateaux*, Paris, Éditons de Minuit, 1980.
- Fustel de Coulanges, Numa-Denis, *La Cité Antique : Étude sur le Culte, le Droit, les Institutions de la Grèce et de Rome*, 1864, Cambridge, Cambridge Library collection, 2010.
- Gauchet, Marcel, *Comprendre le malheur français*, Paris, Gallimard, 2017.
- Habermas, Jürgen, *L'Espace public*, Paris, Payot-Seuil, 1992.
- Le Bart, Christian et Lefebvre, Rémi, *La Proximité en politique*, Rennes, PUR, 2015.
- Legendre, Pierre, *De la Société comme texte. Linéaments d'une anthropologie dogmatique*, Paris, Fayard, 2001.
- Maffesoli, Michel, *Le Temps des tribus : Le déclin de l'individualisme dans les sociétés postmodernes*, Paris, Éditions La Table ronde, 1988.
- Maurras, Charles, *L'Idée de la décentralisation*, 1898, Paris, Service des publications de l'action française, 1919.
- Rosanvallon, Pierre, *Légitimité démocratique : Impartialité, réflexivité, proximité*, Le Seuil, 2008.
- Schnapper, Dominique, *La Communauté des citoyens. Sur l'idée moderne de nation*, Paris, Gallimard, 1994.
- Taguieff, Pierre-André, *L'Effacement de l'avenir*, Paris, Galilée, 2000.

À voir :

L'Amour à la ville (*L'Amore in Città*), film collectif (Antonioni, Fellini, Lattuada, Lizzani, Maselli, Risi, Zavattini), 1953, 01 Distribution, 2006.

-Ma prise de notes-

SOMMAIRE :

- 152 -

Florian Virly est directeur de la publication de RES CIVICA.